职场人理财

财富保值增值实战

孙胜男 ◎ 著

中国财富出版社有限公司

图书在版编目（CIP）数据

职场人理财：财富保值增值实战／孙胜男著．—北京：中国财富出版社有限公司，2023.6

ISBN 978－7－5047－7943－4

Ⅰ.①职… Ⅱ.①孙… Ⅲ.①私人投资 Ⅳ.①F830.59

中国国家版本馆 CIP 数据核字（2023）第 097763 号

策划编辑	郑晓雯	责任编辑	张红燕　张思怡	版权编辑	李　洋
责任印制	梁　凡	责任校对	卓闪闪	责任发行	董　倩

出版发行	中国财富出版社有限公司		
社　　址	北京市丰台区南四环西路 188 号 5 区 20 楼　邮政编码　100070		
电　　话	010－52227588 转 2098（发行部）　　010－52227588 转 321（总编室）		
	010－52227566（24 小时读者服务）　010－52227588 转 305（质检部）		
网　　址	http://www.cfpress.com.cn	排　版	宝蕾元
经　　销	新华书店	印　刷	宝蕾元仁浩（天津）印刷有限公司
书　　号	ISBN 978－7－5047－7943－4/F·3554		
开　　本	710mm×1000mm　1/16	版　次	2023 年 7 月第 1 版
印　　张	13.5	印　次	2023 年 7 月第 1 次印刷
字　　数	192 千字	定　价	59.80 元

版权所有·侵权必究·印装差错·负责调换

前言

投资理财是有钱人的专利，这是很多人都存在的误解。事实上，工作稳定、工资变动不大的职场人才更应该学习理财。

很多职场人看起来收入颇丰，但没有明确的理财规划，不知道攒钱为何物，认为自己这辈子会一直拥有稳定的高收入工作，全然没有想过当遇到了突发事件需要拿出大笔资金时该怎么办。

因此，作为一名职场人，细致地做好理财规划非常重要，未雨绸缪才能抵挡住生活中突如其来的"暴风骤雨"。理财并非一些人理解的投资赚大钱，而是一种风控手段，让手中的钱稳定地增值，从而避免因通货膨胀导致财产缩水。

首先，理财要做好个人财务规划。财务规划可以帮助我们确定理财目标，明确收支，改变消费习惯。正所谓开源节流，如果没办法在短时间内增加收入，那么就要想办法控制支出。事实上，我们如果把每笔开销都写下来，就会发现有一些消费是不必要的，例如，购物节凑单购买商品、冲动购买新款手机等。如果我们只购买自己真正需要的东西，或许能攒下一笔钱。

其次，理财要从储蓄开始。任何天花乱坠的理财方法都是建立在储蓄的基础之上的。"不积小流，无以成江海"，财富是一点一滴积累起来的，当我们攒下了第一笔钱，才会有第二笔、第三笔。这些既是我们日后投资的本金，又是我们生活的底气。

最后，理财要学会选好产品，分散投资。很多人选择理财产品喜欢跟风，别人买什么自己就买什么，结果

不仅没赚到钱，反而赔了钱，然后便下结论说：普通人理财只能被"割韭菜"。这其实是一种懒惰的思维方式。购买理财产品不是拿着全部家当去"豪赌"，而是在自己能承受的风险范围内，通过合理规划，让自己获得更多的"被动"收益。因此，在购买理财产品之前，我们要做好功课，深入了解即将投资的产品，包括它的安全性、收益率、运营方背景、购入门槛、操作流程等。这才是对自己负责的、理智的理财思维。

本书围绕职场人理财，重点论述了职场人的财务痛点和理财误区，以及适合职场人的投资方法。本书语言通俗易懂、案例丰富、逻辑严谨，可操作性强可以帮助读者在短时间内掌握职场人理财的核心要点，顺利实现个人财产的保值、增值。

笔者在理财领域潜心钻研，书中尚有可补足之处，恳请读者朋友们予以指正。

目录

上篇　财商思维

第一章　"死工资"是避风港还是慢性毒药
1.1　当代职场人的生存现状　/　005
1.1.1　你的"死工资"正在拖垮你　/　005
1.1.2　生活开支日益高涨，透支消费成常态　/　006
1.2　财富积累从理财开始　/　007
1.2.1　理财有门槛吗　/　007
1.2.2　把握人生财富增长期　/　009
1.2.3　拓宽财富蓄水池　/　010

第二章　为什么你理财总亏钱
2.1　为什么理财这么难　/　015
2.1.1　盲目相信高收益　/　015
2.1.2　难以承担波动风险　/　018
2.1.3　害怕亏损，恐惧止损　/　019
2.2　五大理财误区　/　021
2.2.1　盲目信任专业人士　/　021
2.2.2　理财就是赚大钱、发大财　/　022
2.2.3　所有财产存入银行就万事大吉了　/　024
2.2.4　过于节省就是理财　/　026
2.2.5　勤奋的投资人都能得到回报　/　027

第三章　40岁之前实现财务自由的人都在想什么
3.1　什么是财务自由　/　033
3.1.1　财务自由与财富自由有何区别　/　033

3.1.2　提前退休的最低标准是什么　/　035

3.2　正确看待金钱　/　037

3.2.1　安全感 vs 疑心病　/　038

3.2.2　学会转移自己的风险　/　040

3.2.3　低谷是爆发的转折点　/　041

3.3　负债并非洪水猛兽　/　043

3.3.1　财务杠杆撬起高收益　/　044

3.3.2　让资金流动起来　/　046

3.3.3　全款买房与贷款买房　/　048

第四章　理财从规划开始

4.1　个人财务规划，理性面对市场变化　/　053

4.1.1　目标清晰，不盲目理财　/　053

4.1.2　明确进账，厘清收入　/　055

4.1.3　分析支出，规避消费陋习　/　057

4.1.4　制定预算，设置开销警戒线　/　059

4.1.5　风险测评，了解自己的风险承受能力　/　063

4.2　不要把所有的鸡蛋放在一个篮子里　/　067

4.2.1　钱要分类，设置保本与增值两本账　/　068

4.2.2　分散投资，财产才能稳定增值　/　070

第五章　要想赚钱，先学会花钱

5.1　你为什么存不下钱　/　075

5.1.1　花钱要主动而不是被动　/　075

5.1.2　你买的东西都是你需要的吗　/　077

5.1.3　存钱只是口头行动　/　078

目录

5.2　避免消费主义陷阱　/　079

　5.2.1　"双十一"究竟是谁的狂欢　/　079

　5.2.2　摆脱所有权依恋能节省开销　/　080

5.3　大额支出也能理财　/　081

　5.3.1　不要一次花光所有积蓄　/　081

　5.3.2　分期付款分散经济压力　/　083

　5.3.3　明确每月房贷的还款额占收入的比例　/　084

第六章　时间就是金钱，向前看才能赚大钱

6.1　为什么要长期投资　/　089

　6.1.1　被忽略的时间成本　/　089

　6.1.2　赚快钱是糟糕的投资决定　/　090

　6.1.3　成功的投资者大都更有耐心　/　091

6.2　复利：时间的魔法　/　092

　6.2.1　什么是复利　/　092

　6.2.2　复利越高越好吗　/　094

下篇　理财方式

第七章　储蓄理财：从储蓄开始，掘出第一桶金

7.1　学理财先学会储蓄　/　099

　7.1.1　储蓄的目的是积累原始资金　/　099

　7.1.2　储蓄倒逼优化支出行为　/　100

7.2　如何进行储蓄　/　101

　7.2.1　常见的储蓄种类　/　101

　7.2.2　巧用储蓄技巧实现收益最大化　/　104

7.2.3 储蓄保险：稳妥的生存保险 / 106

7.2.4 银行理财产品：稳中求进 / 107

7.2.5 存款保险 / 108

第八章 信用卡理财：合理使用信用卡，走出负债泥潭

8.1 你了解信用卡吗 / 113

8.1.1 信用卡有更广泛的使用范围 / 113

8.1.2 信用额度上限高，可提现 / 114

8.1.3 信用积累的关键是什么 / 115

8.2 你会"薅羊毛"吗 / 116

8.2.1 如何计算超长免息期 / 117

8.2.2 附加权益如何物尽其用 / 118

8.2.3 信用卡还款有技巧 / 119

第九章 债券理财：保本增值的第一选择

9.1 债券是什么 / 125

9.1.1 利率债和信用债 / 125

9.1.2 债券的种类 / 126

9.1.3 债券的要素 / 127

9.2 债券的购买 / 128

9.2.1 交易流程 / 128

9.2.2 交易方式 / 129

9.2.3 购买时应考虑的主要因素 / 129

9.2.4 国债的投资方法 / 130

9.2.5 交易手续费 / 131

目录

9.3 收益风险 / 132
9.3.1 债券与储蓄的区别 / 132
9.3.2 债券的风险 / 133
9.3.3 利率变动与价格变动 / 134
9.3.4 刚性兑付真的存在吗 / 135

第十章 黄金理财：金生"金"的财富增值法则

10.1 为什么要买黄金 / 139
10.1.1 稀缺金属保值增值能力强 / 139
10.1.2 黄金受通货膨胀的影响小 / 140

10.2 黄金的鉴别与保管方法 / 140
10.2.1 黄金的鉴别方法 / 140
10.2.2 黄金的保管方法 / 141

10.3 新手买金注意事项 / 142
10.3.1 实物黄金的投资渠道 / 142
10.3.2 黄金投资的技巧 / 143
10.3.3 黄金投资的误区 / 144

第十一章 基金理财：用基金定投平衡市场波动

11.1 明确流程，择优买入 / 149
11.1.1 基金的分类 / 149
11.1.2 如何确定优质的产品 / 154
11.1.3 场内基金好还是场外基金好 / 156
11.1.4 基金理财的运作流程 / 158

11.2 基金定投的3种方式 / 161
11.2.1 定期定额定投：普通定投 / 161

11.2.2　定期不定额定投：自由选择扣款金额　/　162

11.2.3　价值定投：按均线浮动选择买入比例　/　163

11.3　基金的交易法与价值判断　/　164

11.3.1　未知价交易　/　164

11.3.2　先进先出，分批赎回　/　164

11.3.3　金额申购，份额赎回　/　165

11.3.4　如何判断基金价值　/　166

第十二章　股票理财：打好组合拳，股市下跌也能"软着陆"

12.1　看懂流程，快速入市　/　171

12.1.1　开户：线上与线下　/　171

12.1.2　看盘：股票的价格、走势　/　174

12.1.3　买入：MACD 买入法　/　176

12.1.4　卖出：利弗莫尔市场操作法则　/　178

12.2　2 分钟看懂 K 线图　/　180

12.2.1　K 线图的构成　/　181

12.2.2　阴线与阳线表示的信息　/　182

12.2.3　K 线实体大小与上下影线长短　/　183

12.2.4　成交量与 K 线及其组合　/　183

12.3　正确操作，规避风险　/　184

12.3.1　如何选择投资方法　/　184

12.3.2　如何轻松解套　/　185

12.3.3　网络炒股的注意事项　/　186

第十三章　小项目投资理财：选好行业，投资未来

13.1　看清"钱"景，把握机遇　/　191

目 录

13.1.1 参加创业沙龙活动 / 191

13.1.2 朋友引荐 / 192

13.1.3 如何分辨优质项目 / 193

13.2 警惕"套路",告别风险 / 194

13.2.1 第三方推荐人的评价 / 194

13.2.2 其他社会关系评价 / 195

13.3 如何当个"甩手掌柜" / 196

13.3.1 职业经理人:全面负责经营管理 / 196

13.3.2 评估、控制项目风险 / 197

附 录 / 199

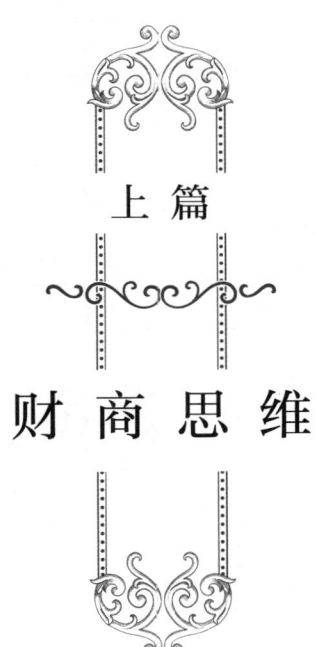

上篇

财 商 思 维

第一章

"死工资"是避风港还是慢性毒药

第一章
"死工资"是避风港还是慢性毒药

曾经,"旱涝保收"是很多职场人的追求。但一份变动不大的"死工资"真的是避风港吗?"死工资"也可能是职场陷阱。时代发展的速度越来越快,工资的多少代表着岗位价值的大小,一份变动不大的工资,会因为上涨幅度赶不上通货膨胀的速度而使我们的财富逐渐缩水。

1.1 当代职场人的生存现状

职场人的收入相对固定,他们依靠工资维持日常生活。随着生活成本日益增加,"死工资"已经不能再抵抗生活风险了,职场人需要重新规划财务结构,通过理财让生活更有底气。

1.1.1 你的"死工资"正在拖垮你

工资不高不低、变动幅度不大是很多职场人的收入现状。这样的工资可以满足我们每月的基本生活开支,给我们安全感。但这样的"死工资"真的安全吗?事实上,长期只依靠"死工资"生活是一件风险很高的事情。

"死工资"的特点之一是"一刀切",即不管员工的工作成果多少与贡献大小,所有员工的工资一样或者差异很小。这样的工资计算方式必然会使员工的创造性下降,懒惰性呈指数上升。如果努力工作和不努力工作得到的报酬一样,那么会有更多的人放弃努力。如此一来,整个团队会变得越来越萎靡。

长期处于这样的环境，看似舒适，实际上我们的稀缺性正在慢慢丢失。一份工作的报酬与它的价值成正比，而工作的价值取决于稀缺性，越是稀有的人才，往往可以获得越高的报酬。例如一个普通的办事员每天只负责填表和整理资料，可以被轻易替代，因此他的工资不会有很大变化。

看似稳定的"死工资"正在让你逐渐失去变革力、爆发力和创造力等。这样一来，你的能力无法得到充分锻炼和展现，甚至会逐渐退化，增加了你被职场淘汰的风险。因此，你需要意识到死工资对你的危害，不要眷恋环境的舒适，努力从温水中跳出，从自身价值出发去开拓更多的可能性。

1.1.2 生活开支日益高涨，透支消费成常态

随着生活条件越来越好，人们的消费能力也越来越强。《当代青年消费报告》显示，在2021年，35岁以下的消费者创造了65%的消费增长，他们的平均月收入为8000元，但他们是当之无愧的消费主力军。

透支消费成了年轻人的消费常态。在我国"90后"人口中，只有13.4%的年轻人没有负债，大部分年轻人都接触过信贷产品。除了还房贷和车贷，很多年轻人还将信用贷款用于休闲娱乐上，预支未来的钱来满足当前的生活所需。

小王在天津某互联网公司工作，平均每个月到手工资8000元。他每个月的房租是1000元左右，饭钱1000元左右，生活用品、水电及通信费用大概需要1000元。因为在日常工作中需要外出跑业务，为此小王还贷款购置了一辆车，每月需还款2500元，油费和保养费需要支出1000元。

在没有生病等意外状况发生的情况下，小王每个月需要支出6500元（1000+1000+1000+2500+1000），剩余1500元（8000-6500）。

有时为了购买一些较贵的商品，小王会选择用花呗或信用卡分期购买，以缓解当下的资金压力。虽然每个月小王都会把剩余的钱储存在余额宝中，但每个月小王从余额宝中获得的利息不过几十元，3年时间也只存了5万元。

第一章
"死工资"是避风港还是慢性毒药

面对这样的状况，小王很希望能多存一些钱，但又不知道从何做起。一方面，小王的工作比较忙，空闲时间不多，而且每月工资变动不大，每年的结余不会有太大变化；另一方面，小王的开支比较固定，很难再从中省出一些钱，而且他也不愿意为了存钱而降低生活品质。

小王的生活现状是很多职场人的缩影，大多数职场人的工资结余十分有限，又希望能保持较高的生活品质。因此，广大职场人应学会理财，重新审视自己的收支结构，做好理财规划，让手中的财富稳定增值，抵抗通货膨胀所带来的风险。

1.2 财富积累从理财开始

积累财富需要一个过程，而积累财富的第一步就是理财。事实上，从手上有了自己可支配资金的那一天开始，我们就需要具备理财意识。理财不是投资股票、基金、债券，而是对财务进行管理，从而降低生活风险。

1.2.1 理财有门槛吗

谈及理财，很多人总觉得它是有门槛的。其实这往往是因为存在认知误区：将理财与投资混淆了。理财，顾名思义就是管理财务。理财就像整理房间，我们无论是住在大别墅里，还是住在小公寓里，都应该时常整理好房间，保持房间整洁、有序。人们常说理财就是理生活，其实理财就是个人财务状况的"大扫除"。当我们开始有意识地对自己的资金进行规划，主动去了解理财方面的知识时，其实就已经在理财的道路上迈出了第一步。理财是一种思维方式，也是一种生活态度，培养一种思维方式和生活态度是没有门槛的。

理财的本质就是财富管理，即在不同的财富目标和财富积累下对自身状况做出理性判断，并做出不同的行为决策。还处在理财初期的职场人可以从梳理自己的收支状况做起，做好合理的支出规划，提高储蓄能力；已经度过了理财初期的职场人可以多学习一些理财知识，了解投资理财产品，提高自己的投资理财能力。

想要做好理财，我们就要勇敢而坚定地迈出第一步。最好的开始永远是现在，我们不必担忧现有的资金过少，也不必怀疑理财的价值。正如陈虎平在《打破自我的标签》这本书中所说：也许现状不算理想，但我们不逃避、不否认，而要在此基础上努力前进，而努力从不辜负，成长总能开掘。好的人生不能把自我定型，而要不断成长，不能只靠主观精神和个人意志，也要借助非个人的平台，不能急躁冒进或者悲观失望，而要逐步积累，唯有把自我的价值与家族、社会、时代联系起来，才能走出小我，与更广阔的人间对接。

具体来说，我们可以将理财分为3个层次，如图1-1所示。

图1-1 理财的3个层次

理财的3个层次可以更好地帮助职场人逐步提升理财水平。第一层是有效、合理地安排资金,让它们发挥最大的效用,以达到最大限度地满足日常生活需要的目的。第二层是用闲置资金产生收益,也就是财生财的层次。第三层是逐渐提升理财水平,从财务的角度进行人生规划,利用现有的经济财务条件,最大限度地提高自身价值,为未来的发展做好准备。依照这3个层次循序渐进地提升自己的理财水平,我们可以实现财务自由。

1.2.2 把握人生财富增长期

薛兆丰教授曾说:投资是时间维度上的平衡消费。我们以年龄为横轴,在坐标轴上画出一条代表支出的虚线与一条代表收入的实线,这样我们就绘制出一幅"草帽曲线"图,如图1-2所示。

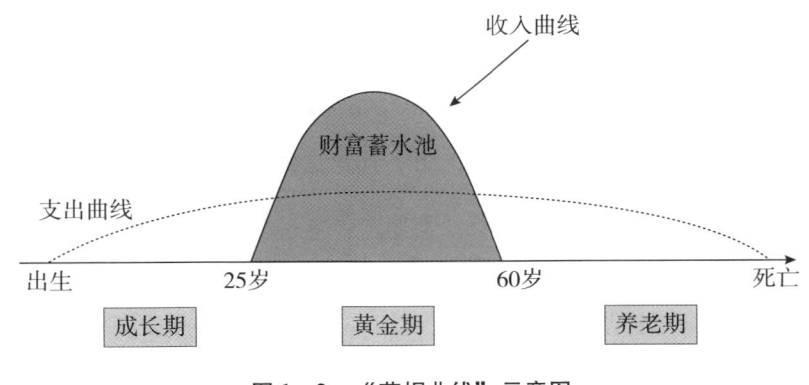

图1-2 "草帽曲线"示意图

在"草帽曲线"图中,我们的人生被划分为3个阶段。在成长期,我们专注于接受教育、提升工作能力;在养老期,我们渐渐力不从心,工作能力衰退。在这两个阶段,我们都很难有收入,主要是支出。而25~60岁这段黄金期是我们一生中积累财富最多,也是承担责任最重大的1个阶段。

一辈子很长,我们要经历漫长的财富消耗过程。除了衣、食、住、行等日常的基础开支,我们还有可能面临各种各样的风险。一辈子又很短,留给我们创造财富、积累财富的期限只有短短的三四十年。在这三四十年中,我

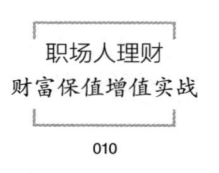

们要努力填充财富蓄水池，用蓄水池中的"水"来承担我们养老期的日常生活开支。

此外，我们不但要预留一部分应对突发事件的应急准备金，还要考虑买房、买车、恋爱、结婚、养育子女、赡养老人等情况，最后还要为退休后的生活做准备。如何在有限的时间内高效率地积累财富，并将这些财富合理地分配到整个人生中，是每个人都必须认真思考的问题。也正因为如此，才有了"理财就是理人生"的说法。

理财追求的不仅是物质财富的最大化，还是整个生命周期内财富效用的最大化。从"草帽曲线"的角度来说，我们可以将理财理解为合理安排盈余资金和负债，以调整各阶段收入和支出的差额，努力实现财务自由，让人生拥有更多的选择权。那么，如何达到这个目标呢？除了向蓄水池中持续注水，努力拓宽蓄水池也是相当重要的。

我们的人生充满了不确定性，可能存在无数的机遇，也可能存在无数的风险。我们不知道各自人生的长短，更不知道会遇到怎样的预料之外的变化，但我们依然充满希望，努力地改变人生的轨迹，开拓更多的可能性。

1.2.3 拓宽财富蓄水池

"财富蓄水池理论"最早是由理财专家刘彦斌提出的。在他看来，收入是河流，财富是水库，花出去的钱就是流出去的水，理财就是开源节流，管好自家的水库。如今这个生动形象的比喻已经深入人心。

我们大部分人应该都接触过数学上的蓄水池问题：一个池子同时拥有一个进水口和一个出水口，进水的速率和出水的速率不同，问要花多长时间才能灌满蓄水池。我们一生的财富积累过程也像往蓄水池中灌水，进水口是我们的收入，出水口是我们的支出，如图1-3所示。

要想快速灌满蓄水池，我们应从以下两个方面入手：

（1）开源，即增加收入，多向蓄水池中灌水；

第一章
"死工资"是避风港还是慢性毒药

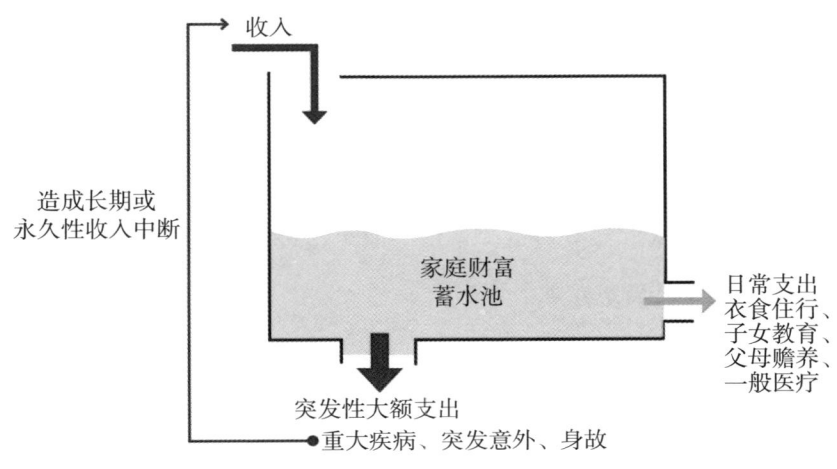

图 1-3　家庭财富蓄水池

（2）节流，即控制支出，减少蓄水池中水量的消耗。

在这样的基础上，我们细水长流，努力让这个蓄水池永远都保持相对稳定的状态。蓄水池中的水越多，我们的负担就越轻。

在支出方面，我们所能控制的范围其实非常有限。日常状态下，家庭财富蓄水池的出水口主要包括衣食住行、子女教育、父母赡养、一般医疗等多个方面，但这些并不是蓄水池中潜藏的最大风险。蓄水池最大的风险在于突发性大额支出，这是难以控制的，而且我们无法预估其对蓄水池水量的损耗。同时，这种风险还可能伴随着对进水口的影响，我们的收入可能会因此骤减，甚至造成长期或永久性中断。针对这种不稳定的因素，我们能做的只有为出水口加安全阀门，也就是通过购买保险提升自身的抗风险能力。

而在整个蓄水池中，最重要的，也是我们能通过培养财商思维做出改变的就是开源的部分。在25岁之前的成长期，父母为我们承担了蓄水池的维稳工作，我们则一直在为打造自己的进水口做铺垫，通过各方面的学习培养独立创造财富的能力。在这个过程中，我们不断探索真正喜欢以及擅长的事情，同时培养自己的价值观与能力，让自己更好地面对未来的生活。

通常我们会拥有两个主要的进水口：一个是比较固定的工作收入，另一个是通过各种渠道探索的理财收入。在人生黄金期，我们的身体状况较为稳定，拥有较强的工作能力，工作收入是蓄水池的主要来源，我们可以通过勤奋、努力来增加这一部分的进水量。随着年龄的增长，我们的工作逐渐稳定，难以实现飞跃，身体也每况愈下，支出随时可能因为意外而激增。在这种情况下，理财的重要性就愈发地显现出来了。

第二章

为什么你理财总亏钱

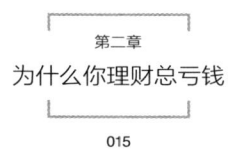

很多人总是抱怨理财难，下定决心学习了几个月的理财知识，存款反而越理越少。事实上不是理财难，而是他们陷入了理财误区，错把理财当成发财。一些人不仅没有理财规划，还追求不切实际的高收益，最终落得个存款越来越少的结果。

2.1 为什么理财这么难

为什么很多人觉得理财难呢？这是因为很多人在理财前没有摆正心态，不懂得风险与收益相伴而生，没有长远的计划，不是跟风他人，就是被短期波动吓退。

2.1.1 盲目相信高收益

近年来，网络中总出现各种各样的投资理财课程广告，它们大多打着"原价5999元，现价只要9.9元"的口号来吸引想要进行理财的小白。这些广告往往宣称它们聘请了某机构的理财专家，只要花9.9元上他的课，日后一定能通过理财获得丰厚的收益。而在课程中，这位所谓的专家还会时不时地推荐一些冷门理财产品，宣称"风险小，收益高"，但最终购买这些所谓的高收益理财产品的人，钱都打了水漂。

投资是理财的一种形式，可以让我们更快实现理财目标，从而改善我们的生活质量。目前存在的理财工具，除了传统的银行理财产品、保险、信托、

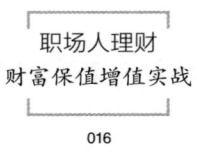

基金等，还有很多创新型理财产品，如贵金属、债权类产品等。然而，在这些理财工具迅猛发展的同时，它们存在的一些潜在风险也逐渐暴露出来。在进行投资前，我们一定要明确的一点是一切投资都有风险，可能会亏钱，高收益总是与高风险相伴相生。

每种投资都有不同程度的风险，我们在投资之前有必要去充分了解不同的投资理财产品的各方面情况，弄清楚我们的生活状况与资产情况允许我们承受多大的风险。理财寻求的是保值和增值，偏重长时间和稳健，任何不考虑风险盲目进场的理财方法都是不理性的。风险控制是理财的基础，更是理财的保证。

我们最好不要把短期要用到的钱用于投资，也不要把将用于支付租金、购买食品或天然气等生活必需品的钱用于投资。如果我们正在为6个月后的假期出游存钱，那么投资股票也许就不是明智之举，因为股票风险较高，股价可能随着时间的推移而发生动荡。这意味着，尽管我们有可能不必太节省就迅速存够了度假用的钱，但是也有可能出现股价大跌，导致投资亏损，我们不得不放弃出游。在这种情况下，我们更好的选择是投资债券，因为风险相对较低，或者我们也可以存一笔钱到高利息的储蓄账户中。

一般来说，投资的潜在回报越高，风险就越高；风险越低，潜在回报就越低。

相对"安全"的投资有储蓄和购买国债。股票可能会带给我们更多的收益，但风险也更大。共同基金通过投资多种股票和证券把风险降到最低，对于长期投资而言是不错的选择。

一旦我们明确了自己的理财目标，了解了投资产品的种类，考虑清楚自己对风险的承受力后，就可以选择投资产品了。

如果我们能够承受中高程度的风险，那么股票就是一个不错的投资选择。不是所有股票都是高风险的。例如，投资一家小型制药公司的风险是极高的，而投资诸如沃尔玛、富国银行或可口可乐这类现金流稳定，并且市场份额很

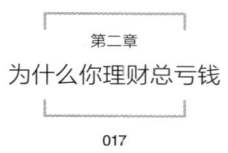

第二章
为什么你理财总亏钱

有竞争力的大型稳定企业，风险则要小得多。

如果我们没有时间、不方便购买个股，或无法承受个股的风险，那么我们不妨考虑投资共同基金。如果我们需要实现中长期理财目标，例如为退休或孩子的教育存钱，那么这类投资就适合我们。但是这类投资比较"慢性子"，通常我们只能每年或每半年查看一次投资情况，以确保基金的表现符合我们的期待。投资者可以自行了解、研究共同基金，然后通过网上交易商购买，也可以到当地银行或通过理财顾问购买。

债券适合那些只愿意承担较低风险的投资者，他们更注重保本，偏爱稳定却持续增长的理财产品。值得注意的是，债券在任何投资组合中都占有一席之地。通常的建议是20岁至40多岁的个人投资者应该加大股票和共同基金的配置比例，而临近退休的投资者则应该加大债券的配置比例，以便保本。债券可以作为平衡投资组合、降低风险的有效手段。

如果我们的理财组合涵盖了不同类别的投资产品，那么就可以在一定程度上分散投资风险。即使投资组合中有一部分或几部分出现了问题，投资总值出现亏损的风险也已经降到最低。这种投资方法即是多样化投资。

例如，一份针对已退休投资者的理财计划可能会涵盖好几类投资产品，包括持有多只共同基金、多只股票和多个储蓄账户。在这种情况下，共同基金的长期增长潜力就可以弥补某只个股出现的亏损。尽管储蓄账户中的现金利息相对较低，却很安全，而且在需要时也方便取出使用。

制定理财决策时，我们要深思熟虑，不妨以SAVED（停、问、核、估、判）方法为指导，如图2-1所示。

（1）停：在做任何理财决策前，我们都要给自己留一定的思考时间，停下来冷静地思考。我们不要轻易地被销售人员、经纪人等从业人员的游说影响。

（2）问：我们要问清楚理财决策将涉及哪些费用以及相应的风险。我们一定要充分了解做出这个决策后可能会出现的最糟糕的情况。

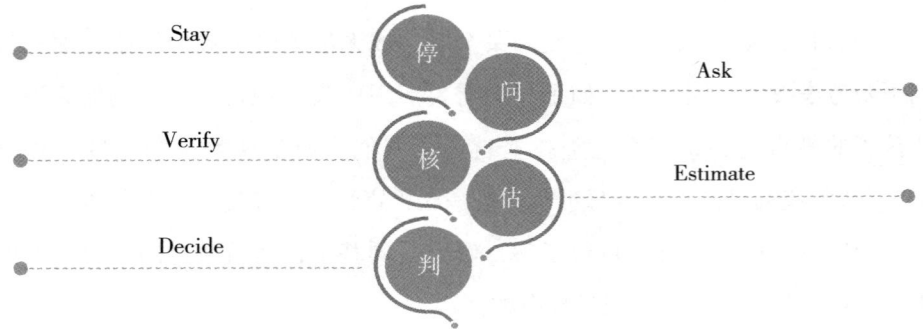

图 2-1 SAVED 方法

（3）核：我们要核实一切信息，以确保信息准确、可信。

（4）估：我们要估算这个决策需要花多少钱，将其纳入我们的总预算。

（5）判：我们还要判断当前是不是做出这个理财决策的最好时机。

2.1.2 难以承担波动风险

在投资前我们必须清楚市场永远是波动的，并且波动可能很大。我们要正确认识波动并接受波动。下跌不可怕，只涨不跌的市场更令人恐慌。

波动性是衡量市场风险的一种工具，但它与纯粹的风险并不完全相同。人们口中说的风险，实际上应该是一种指标，用于衡量投资回报和在这一回报下可能要面临的损失，也就是下行的波动性。

风险和波动性之间的关系并非一成不变的，甚至某些时候，波动性会站在风险的对立面。在某些情况下，随着外部环境的变化，即使波动性未改变，但是投资人所面临的风险很可能已经发生了变化。

我们无法抗拒波动，也无法完全规避风险，因此我们应该学会平静地面对正常的波动，以及控制可能到来的风险。风险是必然存在的，它只能被转移。因此如果想要让人去承担风险，就要给予风险承担者更高的回报，即风险溢价。我们需要让风险产生的后果尽可能在自己的承受范围内，因此需要考虑资产配置情况、风险溢价的高低。

坦然接受市场波动，甚至学会拥抱波动，在波动中发现新的机遇，不是恐惧它而是利用它，这样才能真正在投资市场中站稳脚跟。

2.1.3 害怕亏损，恐惧止损

我们在进行投资时，总会有一些恐惧心理，例如害怕赚不到钱。行为金融学的相关研究表明，人们在面对亏损时，痛苦的程度是盈利时快乐的2.5倍，因此与贪婪相比，恐惧更容易让我们失控，从而做出非理性的行为。

那么作为投资者，我们应该如何管理这些恐惧心理呢？

习惯了投资固定收益类理财产品的人，在第一次接触其他种类的投资产品时，最担心的都是亏损问题。当知道某种投资产品并不一定能保本，也不保证稳定收益时，很多人都会恐惧、迟疑，甚至望而却步不敢做出决策。

还有一些人受到高收益的诱惑，在投资前低估了自己对投资亏损的恐惧，但当股市下跌、基金亏损、行情变差时，对亏损的恐惧被迅速放大，于是这些人就陷入了煎熬之中。当亏损发生时，投资者的心态在很短的时间内就崩溃了。

在进行投资前，我们应该做好对投资恐惧的管理。我们要提前采取措施，提高我们的风险承受能力，如图2-2所示。

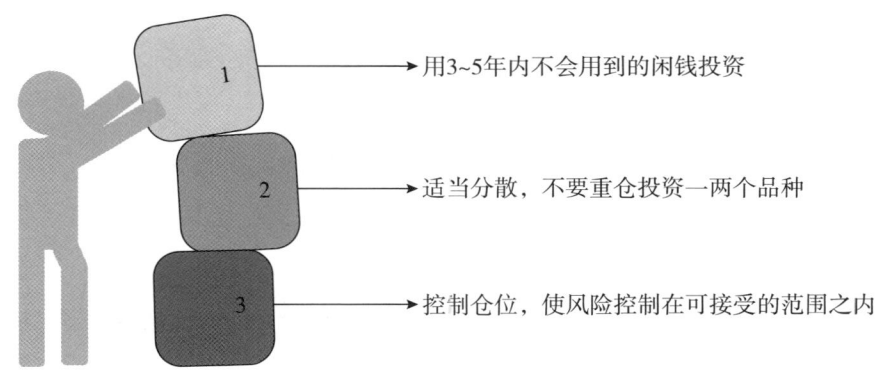

图2-2 提高风险承受能力的措施

赵某刚刚升职为某品牌华北地区负责人，薪水上调了很多。他最近换了一套市中心的房子以及一辆高配置的轿车，花去了大半积蓄，他每个月还要固定支出房贷、车贷2万元。随后赵某重仓购入两只当时涨势良好的股票，这两只股票都是由小型制药企业发行的，回报率很高。赵某购入股票前曾有朋友劝赵某先攒两年钱，再进行投资。但赵某认为自己还有很多积蓄，而且自己的收入很高、很稳定，完全没有必要担心。

但好景不长，赵某的父亲患上重病，医保报销之后治疗和护理费用也很昂贵。与此同时，赵某持有的股票暴跌，两家制药企业先后暴雷，一夜退市，赵某股市中的本金几乎全部折损。而他的房贷、车贷每个月还要照常偿还，赵某的积蓄很快就用完了。他不得不抵押了自己的新房、新车，用来支付父亲后续的医疗费以及其他费用。

正是因为赵某的抗风险能力太弱，才导致后续一系列事件的发生。如果赵某不盲目地购买住房和汽车，或者在买股票之前先分析自己当前的情况是否适合重仓购入高风险股票，为突发事件预留充足资金，提高自己的抗风险能力，那他在应对突发风险时可能会从容些。

除了害怕亏损，恐惧止损也是一个常见的问题。

止损也叫"割肉"，是指当某一投资出现的亏损达到预定数额时，及时斩仓出局，以避免形成更大的亏损。其目的就在于在投资失误时把损失限定在较小的范围内。但实际上，即使亏损已经达到预定数额，很多人也缺乏及时止损的勇气。

很多人抱着这样的想法："现在卖一定是亏钱的，等回本后再卖。"产品已经没有多少投资价值了，却要等到回本了才卖出去。这其实是一种恐惧心理，即害怕"浮亏"成为"真亏"。

判断一笔投资是否有继续持有的价值，应该基于自己预设的投资逻辑。如果投资逻辑没错，就应该坚守；如果投资逻辑是错误的，那么就应该及时止损。

止损的理念是"鳄鱼法则"。鳄鱼法则是指,假定一只鳄鱼咬住我们的一只脚,如果我们用手去帮助脚挣脱,鳄鱼便会同时咬住我们的手和脚。我们越挣扎,被咬住的部分就越多。所以,此时我们唯一的选择就是牺牲一只脚。这个道理映射在投资市场中就是当发现自己的交易背离了市场的方向时就必须立即止损,不得有任何延误,不得存有任何侥幸心理。

股市中无数事实表明,一次意外的投资错误足以致命,但止损能帮助投资者化险为夷。因此在投资之前,就需要给自己预设一个止损关键点,它代表了我们能接受的亏损程度。之后在投资过程中,我们必须严格地坚持这一预设的止损关键点。

2.2　五大理财误区

经济市场形势多变,即使是很有经验的理财老手也难免陷入理财误区,从而导致不赚钱反而赔钱。下面介绍 5 个常见的理财误区,帮助大家规避理财风险。

2.2.1　盲目信任专业人士

很多人会轻易地对专业人士产生信任,因为他们认为,这些专业人士有更多的信息获取渠道和更强大的信息分析能力,所以他们一定比自己做得好。

这些客观条件确实会对投资者做出正确的市场判断产生一定的帮助,但是我们要明白,市场是一个复杂的系统,它不会永远朝着我们所期望的方向发展,更不是这些所谓的专业人士所能掌控的。同时,这些专业人士与大机构的各种预判行为,也可能会对市场风向产生反向影响,使得市场朝着与他们预判的相反方向发展。

除此之外,我们也要注意,管理基金的人和投资人往往存在利益冲突。

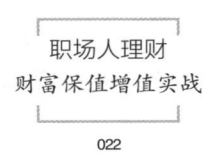

我们需要学会判断他们的话，筛选出真实、有效的部分。

吴某是某游戏公司的部门主管，收入颇丰。吴某的妻子是某公立医院的医生，收入很高而且非常稳定。吴某名下的车子、房子都没有贷款，他们有一定的积蓄，是典型的中产家庭。吴某的朋友向他推荐了一位基金经理，并且称按这位基金经理的推荐购买基金一定不会亏。吴某恰好想利用部分家庭积蓄进行投资，以解决孩子的留学费用。

吴某调查了这位基金经理的背景，发现他确实毕业于名校且业绩不错，先前推荐的几只基金都给投资者带来了不错的收益。于是吴某便放心地听从了他的推荐，购入了几只基金。吴某认为跟着专业人士走，至少不会亏本。刚开始吴某的基金确实涨了不少，但从某一天开始，吴某购入的基金突然出现了断崖式下跌。而此时这位基金经理还在建议吴某加仓，他告诉吴某，波动是暂时的，现在是抄底的好时机。吴某虽然心存疑虑，却还是认为专业人士的建议没有问题，最终吴某亏了大半本金才得以脱身，而那位专业的基金经理已经不知所终。

专业人士有一定的可信度，但他们的意见只能作为一份有价值的参考，更多时候我们要自己做出判断，相信自己，不要被他人打乱阵脚。在投资中，有时恪守一些简单的投资准则，比钻研高超的战术要更为有效。

2.2.2　理财就是赚大钱、发大财

理财不是简单地投入资金、获取收益，其中还包含很多控制风险的技巧。

随着人民币不断升值，通货膨胀加剧，人们意识到存在银行中的资产增值速度远远跟不上物价上涨速度。我们如果想要让自己的财富保值、增值，就需要通过适当的理财方式进行资产管理。

在这样的经济环境下，理财市场不断扩大，人们的理财需求不断增加，对资本有效管理、确保其安全已成为中产人群的刚性需求。在各种理财方式迅猛发展的同时，一些潜在的风险也逐渐暴露出来。

第二章
为什么你理财总亏钱

2021年12月，银保监会出台了《理财公司理财产品流动性风险管理办法》，通过建立理财产品流动性管理规定，进一步完善了理财行业的监督管理，有助于提高风险管理能力，保障投资者合法权益。

这不仅提醒了职场人在理财时应当首先考虑风险控制的问题，不能只盲目追求高收益，还提醒众多销售理财产品的平台要把风险控制做得更好。只有理财产品的质量和透明度更高，理财风险"防火墙"更加坚固，才有利于防范潜在风险。

风险控制是指通过一定措施，消灭或减少风险事件发生的可能性，或减少风险事件发生所带来的损失。我们无法掌控所有事物，所以规避风险，或将损失降到最低就是风险控制的主要目的。

风险控制的4种基本方法如图2–3所示。

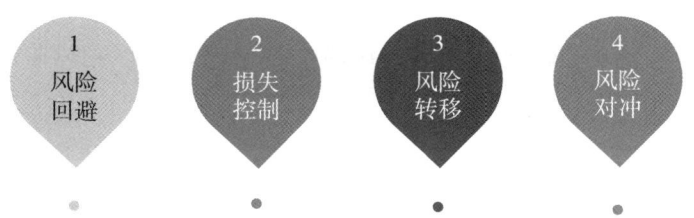

图2–3 风险控制的4种基本方法

1. 风险回避

风险回避，顾名思义，是投资主体预见了投资过程中可能会出现的风险事件，主动放弃投资计划，完全避免特定的风险损失。这种方法既彻底又消极，它不仅完全规避了风险，而且放弃了潜在的收益，因此只有在以下几种情况下这种方法才适用：

（1）风险非常大，投资主体无力承担。

（2）替代方案的风险更低。

（3）风险带来的损失远大于潜在的收益。

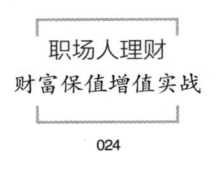

2. 损失控制

损失控制是指通过制订计划、采取措施来降低损失发生的概率或减少实际损失。事前制订计划主要是为了降低损失发生的概率，而在投资过程中和投资过程后采取的措施主要是为了减少已经发生的损失。

3. 风险转移

风险转移是指将原本投资人需要承担的风险通过契约等形式转移给他人，以降低自身承担的风险，例如保险转移就是常见的风险转移措施。

4. 风险对冲

风险对冲是风险控制的常见手段，指的是主动承担多种风险，通过风险之间的对冲关系降低整体的投资风险。例如，投资人可以通过投资和标的投资主体收益负相关的衍生产品，来冲销标的投资主体潜在的风险损失。风险对冲可以实现对系统性风险和非系统性风险的控制。投资人可以根据自己的投资偏好和承受能力，设计合适的风险对冲策略，将投资风险降低到预期水平。

2.2.3 所有财产存入银行就万事大吉了

随着时代的进步，人们的生活水平不断提升，很多人手中都有多余的钱可用于投资理财。

胡润研究院携手方太联合发布的《2020方太·胡润财富报告》显示，中国总资产达600万元人民币的"富裕家庭"数量首次突破500万户，比2019年增加1.4%，如图2-4所示。

这个数字看上去非常可观，但是600万元在一线、二线城市并不算多。一线、二线城市大部分地区的房价都要几万元一平方米，一套房子就要几百万元，再加上其他不易变现的资产，其实剩余的可支配现金非常少。

虽然当我们拥有剩余资金时，我们第一个想到的总是把它们放在银行里存起来，这样就可以获得固定利息。但随着时间的推移，这部分钱其实在贬

第二章
为什么你理财总亏钱

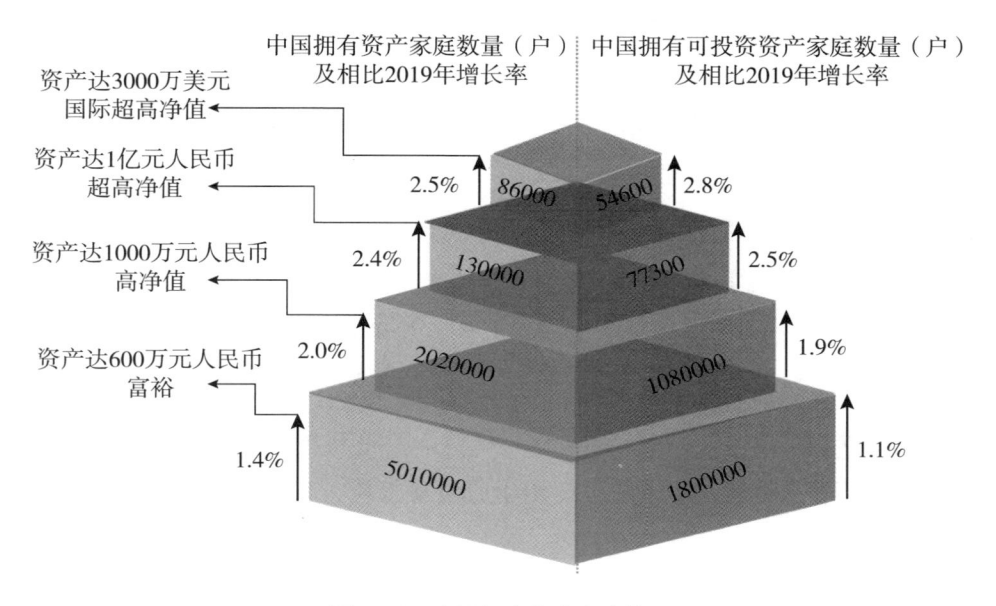

图 2-4 中国拥有资产家庭情况

资产层级	中国拥有资产家庭数量（户）及相比2019年增长率	中国拥有可投资资产家庭数量（户）及相比2019年增长率
资产达3000万美元 国际超高净值	86000（2.5%）	54600（2.8%）
资产达1亿元人民币 超高净值	130000（2.4%）	77300（2.5%）
资产达1000万元人民币 高净值	2020000（2.0%）	1080000（1.9%）
资产达600万元人民币 富裕	5010000（1.4%）	1800000（1.1%）

（资料来源：胡润百富）

值。造成存款贬值的一个主要原因就是通货膨胀。

通货膨胀一般定义为，在信用货币制度下，流通中的货币数量超过经济实际需要而引起的货币贬值和物价水平全面而持续地上涨。通俗地说，就是物价水平持续上涨，从而造成货币购买力持续下降。

凯恩斯主义经济学认为，通货膨胀产生的原因是总供给与总需求的变化导致物价水平的上涨。货币主义经济学则认为通货膨胀是因为市场上流通的货币过多，导致居民拥有的货币增加，购买力下降。

通货膨胀为特定经济体内货币价值的下降，货币贬值为货币的相对价值下跌。前者影响该货币在国内的价值，后者则影响该货币在国际市场的价值。

最近几年，我国的经济保持了较快的增长速度，所以对货币的需求也相应增加，但实际的货币发行速度比 GDP（国内生产总值）的增速要快很多。

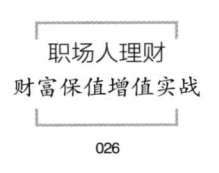

相关 1 年期的定期存款利率是 3.5%，这一年的通货膨胀率是 5%，那么 1 年后存的钱就贬值了。因为 1 年后，100 元变成了 103.5 元［100×（1＋3.5%）］，而通货膨胀后实际购买力为 98.325 元［103.5×（1－5%）］，比我们存进银行时的购买力低。

假设一个家庭拥有资产 100 万元，按照 5% 的通货膨胀率计算，10 年后、20 年后、30 年后实际购买力还剩多少？10 年后只剩 59.87 万元，而 20 年后只剩 35.85 万元，30 年后只剩 21.46 万元。如果不想让自己手中的钱贬值，我们就要尽量通过理财跑赢 CPI（消费者物价指数），对抗通货膨胀。

我们要根据自己的要求，做好投资规划，例如用 30% 的资产做固定投资，20% 的资产存入银行，20% 的资产用于股票等投资，20% 的资产用作日常开销，10% 的资产用作子女教育投资。这样的组合能够积少成多，长期以后我们便能够建立良好的理财习惯。

2.2.4　过于节省就是理财

对于省钱的态度往往存在两个极端。

一个极端是无视省钱的作用，工资一到手就花光，刷卡一时爽，却失去了享受未来生活的可能性。这类人最常说的一句话是："钱是赚出来的，不是省出来的。"但如果消费的速度大于收入的速度，最后财富还是无法增加，更谈不上未来高品质生活了。

另一个极端是过于节省，看到喜欢的衣服不敢买，贵一点的餐厅不敢进，不舍得吃、不舍得穿、不舍得玩，省了钱却丢了生活品质。如果适当地节制消费，将它转化为储蓄，能保障明天的生活更无忧。但如果要以牺牲此刻正常的生活为代价，不仅难以创造更大的财富飞跃，也丢失了幸福。

省钱固然是一种好的习惯，但正确的理财消费观念并不是无节制地省钱，而是想花的钱可以花，但在花钱的过程中保持理智，追求最高的性价比，避免冲动消费。

在生活中，很多人理财最直接的做法就是省钱，认为省钱就是理财。但在家庭财务规划中，核心是让家庭成员了解家庭财务状况、理财目标和家庭风险。省钱并不能达到理财的目的。理财不意味着节衣缩食，也不是挥霍无度。理财，更像是一场追求生活品质的比赛，在这场横跨一生的比赛中，我们首先要做的是重塑理财观念。

理财是一套完整的体系，主要包括6个方面：赚钱、用钱、存钱、借钱、省钱和护钱。省钱只是理财的手段之一。钱只有流动起来，才能产生价值。真正的理财是让花出去的每一分钱都产生更大的价值。所以，学会有技巧地花钱，是更重要的事情。

在理财的道路上，最重要的一个观念便是节流不忘开源。所谓节流，通俗一点讲就是省钱，但省钱也要在合理的范围内进行，并不是无节制地省钱。开源就是开辟新的赚钱渠道，其中最为常见的便是理财。我们要了解理财的正确方式，规避前人走过的弯路。在不同的阶段，我们还要用科学的方法和恰当的工具找到适合自己的理财方式，从而真正做到驾驭金钱，而不是被金钱控制。

理财不是无节制地省钱，降低自己和家人的生活品质；也不是过度消费，不考虑以后的生活状况。想要通过理财来改变现在和未来的生活状况，最重要的就是转变固化、陈旧的观念，根据自身实际情况进行合理选择。

2.2.5 勤奋的投资人都能得到回报

很多人将自己投资回报不够高的原因归咎于自己不够努力、投入的时间不够多。但其实大部分情况是这些人采用的方法存在问题。如果方法有问题，那么效果就会与预期产生偏差，这样投资者越努力，反而会越失望。

掌握符合自身情况的投资方法尤为重要。下面介绍5种股票投资的方法（见图2-5），给大家提供参考。

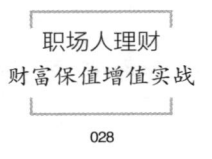

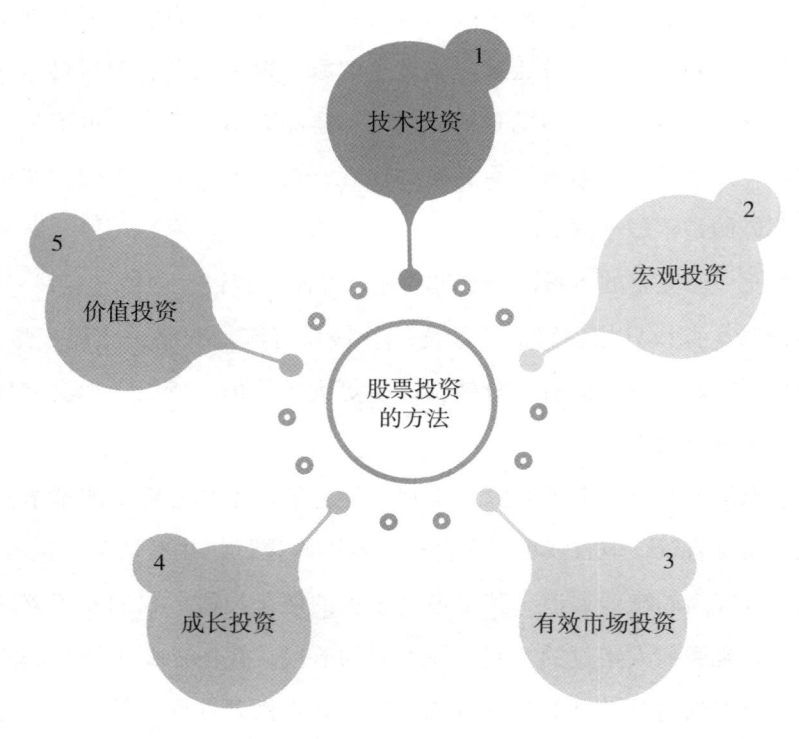

图 2-5　股票投资的方法

1. 技术投资

技术投资是指依据股票的历史股价变化情况来预测未来的股价变化趋势，主要预测工具是 K 线图。这种方法简单并且见效快，但风险较高，适合短线投资。一般来说，技术投资者不是很关注股票所属公司的实际经营状况，只根据股价趋势来决定自己的投资策略。

2. 宏观投资

宏观投资指通过国家宏观经济形势来预测未来的股市整体走势。此种方法专业性极强，需要大量的专业理论支撑，操作难度很高，可控程度很低，风险大但收益也大。通常只有对股市变化情况极为熟悉的投资者才会采取这种投资方法，因为他们往往非常专业，对宏观经济形势有着敏锐的判断力。

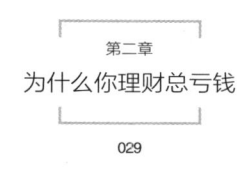

3. 有效市场投资

有效市场投资只需投资者依据现有的市场价格进行投资，无须大量研究、分析。投资重点在于投入大量资金，多只股票一起建仓以分散风险。

4. 成长投资

成长投资，顾名思义，是指投资者要寻找具有发展潜力公司的股票，在它的成长初期进行投资，随着公司不断成长持续地获取股价增长带来的稳定收益。投资者主要通过公司财报、实地考察等方式来分析公司业务前景、利润增长速度等指标。除此之外，投资者必须要有敏锐的市场洞察力，能够看透股票成长初期的表象，发现有潜力的股票。

5. 价值投资

价值投资是指投资者将自己代入上市公司股东的视角，通过研究该公司的财务信息、经营状况等来估算公司的价值，在股票价格低于公司价值时买入，回归公司价值时卖出，以此获得利润。

第三章

40岁之前实现财务自由的人都在想什么

第三章
40岁之前实现财务自由的人都在想什么

职场人最大的梦想莫过于实现财务自由,提早退休。要想实现财务自由,职场人就要先转变思维方式,正确看待金钱和理财,用富人的思维规划财富。

3.1 什么是财务自由

财务自由是指不需要为钱而工作的状态,即一个人的被动收入等于或超过日常开支。如果进入这种状态,就可以称为实现了财务自由。

3.1.1 财务自由与财富自由有何区别

财务自由与财富自由听上去十分相似,实际各自所代表的生活状态却天差地别。财务自由是指人无须为生活开销而努力工作的状态,或者说,一个人的资产产生的被动收入至少要等于他的日常开支;而财富自由则是指有充裕的时间和金钱去完成我们追求的事情,例如环游世界、写一本书或者投身公益事业。如果说财务自由是一种生活状态,那么财富自由则是一种幸福的感觉。财务自由是生存问题,财富自由是自我实现问题。只有不困于生存,我们才能支配自己的时间和资源去做自己想做的事。

1. 财务自由

财务自由用公式来表达就是:财务自由 = 被动收入 − 花销 ≥ 0。

什么是被动收入?被动收入是不用付出劳动,不需要花费多少时间和精力,就可以自动获得的收入。

当工作不再是满足生活基本开销的唯一手段，我们的资产被动收入达到或者多于同期支出，当我们不再需要通过辛苦劳动就能维持生存时，便获得了财务自由。在实现财务自由之前，我们往往需要经过长时间的劳动和积累。

每个人的收支水平不同，实现财务自由的标准也不同。从基本的生活需求出发，财务自由大致包括穿衣自由、住房自由、医疗自由、教育自由、事业自由、养老自由等层面。

2. 财富自由

财富自由是更高精神层次的满足，范围上是大于财务自由的。财务自由主要指个人现金流通空间大、弹性好，对于价值的定义仅限于金钱；而财富自由所指的价值包括有形资产和无形资产，除了物质财富，还对精神财富有所要求，对于价值的定义范围更加广泛。当一个人不用奔波于满足生理需求和安全保障时，那么他就有更多的时间和资源去获得成就和尊重，逐渐实现自我满足。

从马斯洛的需求层次理论来看，实现财富自由的人通常会追求最高层次的自我实现。例如很多实现财富自由的人并没有像一般人一样过着朝九晚五的生活，他们会体验各种不同的生活方式。滑雪、攀岩、学各种乐器，深入研究某一领域等，都是他们充实自己内心世界的方式。也有一些人在实现财富自由后投身于公益、慈善事业，不仅获得了他人的尊重，也实现了自我满足。

不管是物质财富，还是精神财富，都是人类发展过程中不可缺少的重要组成部分。财富自由包括以下5个方面（见图3-1）：

（1）金钱上的自由，也就是财务自由。

（2）时间上的自由，不是量上的自由，而是质上的秩序，即我们知道自己的时间价值，也知道在相应的时间点该做什么。

（3）空间上的自由，是指我们的内在很笃定，不因外在环境的影响而有

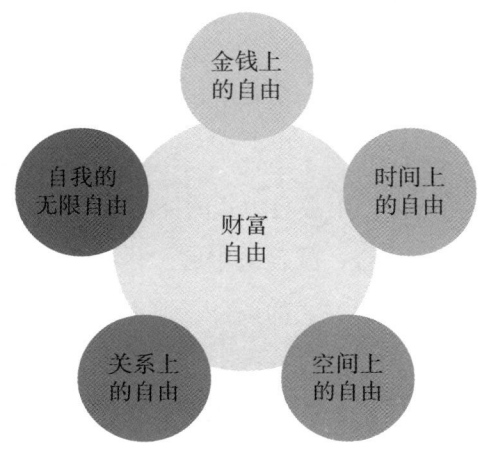

图 3-1 财富自由

过多的变化。

（4）关系上的自由，指在全然熟悉的关系中坦诚相待，在相对陌生的关系中泰然自若。

（5）自我的无限自由，指相信自己有无限的可能。

财富自由是人的美好生活愿景，无法单纯用数字来衡量，它是一种幸福的感觉，是无价的、多维度的，也是可以转换为金钱的一种能量。虽然财务自由和财富自由涵盖的范围大小不同，但两者是相辅相成的关系。

3.1.2 提前退休的最低标准是什么

随着社会的发展，人们越来越懂得享受生活的重要性，大多数人有了提前退休的念头。从法律上讲，提前退休是指员工在没有达到国家或企业规定的年龄或服务期限时就退休的行为，往往成为企业为了提高自身运营效率而采取的管理员工流出的一种方法。提前退休是一把双刃剑，虽然可以减轻工作带来的身体压力，但也会对养老金的领取造成一定的影响。

养老金，采取多缴多得、长缴长得的规则。在这种规则下，提前退休势

必会导致养老保险缴纳年限少于正常退休职工养老保险缴纳年限，最终所获得的养老金数额肯定会低于正常退休的养老金数额，并且养老金调整中的一项是根据缴费年限进行调整，提前退休养老金每年增加比例低于正常退休的增加比例。

由此，许多人开始憧憬"财务自由式的提前退休"，即人生黄金期通过理财提前积攒出足够的养老资金，减轻未来的工作压力，自我实现个人的提前退休，创造未来自由选择生活方式的条件。那么储蓄多少资产才可以拥有提前退休的资格呢？

一旦出现紧急情况，固定资产变现非常麻烦，所以对于想提前退休的人来说，最重要的是确保现金流正常。

在计算具体需要多少钱可以达到财务自由之前，我们先厘清以下几个概念：

第一，每月支出。我们要设定好每个月的总支出限额，再从中减去贷款等费用。

第二，通货膨胀。通货膨胀在不断削弱我们的购买力，按照平均每年3%的通货膨胀来算，套用"72法则"（以1%的复利计息，72年后本金翻倍的规律），大概每24年物价将会翻一番。

第三，投资回报率。投资的第一要义就是获得回报。我们在年轻时有工资收入，即使所投资的股票跌了，也不急着将投资的股票卖出。但我们退休后没有工资收入了，所以有时可能即使股票跌了还是要忍痛卖出，这样本金就会锐减。因此，个人觉得6%是比较合理的投资年回报率。

我们用的这个计算模式叫作"资本耗竭模型"（Capital Depletion Model）。也就是现有本金逐渐减损的同时产出现金流，该现金流刚好可以用于抵扣每年的支出，直到预计的生命长度结束为止本金为0。

提前退休有风险，我们在做提前退休的计划时，要充分考虑其中的风险情况。提前退休的风险主要包括实际寿命超过预计寿命、回报率低、计划外的大笔支出等。

1. 实际寿命超过预计寿命

长寿虽然是一件好事，但在退休资本计算中会带来巨大的不确定性。就像 W 先生的例子，假设他只存了 3000000 元就退休，那么 93 岁时资产将会耗光，如果他真的长命百岁，后面的 7 年就无存款可取了。

2. 回报率低

只要投资就有风险，债券或股票也可能发生预期之外的事件，例如全球新冠肺炎疫情背景下的美股连续下跌熔断。如果我们已经退休并靠股票的收益来维持生活，那么在这种情况下恐怕很难保障生活质量。

3. 计划外的大笔支出

很可能 W 先生在 60 岁时突然想进行一次长期海外旅行，或他在 70 岁时突然有一笔较大的医疗支出。但在这种模式的退休规划中，并不允许我们有大笔的支出。

不过，这些风险不是完全无法规避的。2021 年 12 月，我国首批养老理财产品正式在武汉、成都、青岛和深圳发售。这批养老理财产品由工银、招银、光大和建信理财负责，均为封闭净值型产品。起购金额为 1 元，投资期限为 5 年，风险等级多为中低级，因此具有长期性、稳健性和普惠性，能够满足多个层次投资者的需求。

养老理财产品面向的是有养老需求、追求稳健的投资者，并不是老年人专属的理财产品，年轻人也可以购买。但是为了能够保证养老理财产品覆盖的投资人群范围尽可能地大，个人投资者全部养老理财投资金额不得超过 300 万元。同时这几家银行还为养老理财产品专门设置了风险管控机构，兼顾安全性与收益性。

3.2　正确看待金钱

每个人都知道金钱是非常重要的。但是我们真的能够做到以正确的眼光

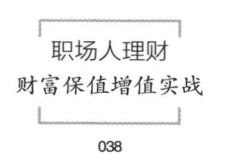

看待金钱吗？我们是否因为短期波动而患得患失，又或许被高收益蒙蔽双眼而孤注一掷？实际上，这些都不是正确的金钱观。

3.2.1 安全感 vs 疑心病

在如今的社会环境中，金钱的作用被无限放大。越来越多的人依赖金钱带来的幸福感与安全感，享受着物质生活富足所带来的满足。人的安全感来自物质富足和精神富足两个方面，单纯的物质富足或者单纯的精神富足都不能给人带来足够的安全感。

在物质资源上努力寻求安全感、追求更好的生活本身没有任何问题。对金钱的渴望，能让我们保持学习与奋斗的激情，能帮助我们保持思维活跃，不断进取。但在这个过程中，我们要时刻注意自己的心态，不要陷入患得患失的情绪中。

在心理学上，这种为了达到某一种目的总是患得患失的心态有一个名字，叫作"瓦伦达效应"。

瓦伦达是一位著名的钢索表演艺术家，他的钢索技术远近闻名，即使在10米高的钢索上表演高难度动作也十分稳健。某次，一位重要客人来访，演出团决定派出瓦伦达表演。瓦伦达深知此次表演的重要性，一旦成功，演出团将以他为荣，他也将成为表演界的巨星，从此名利双收。因此，瓦伦达在表演的前几天就开始琢磨表演的每一个细节。

到了演出当天，瓦伦达没有用保险绳，他确定自己不会失误。但是他走到钢索中间仅仅做了两个简单的动作，就从10米高的空中摔了下来。

事后，他的妻子十分懊悔，表示她注意到演出前几天瓦伦达就十分紧张，他太看重这次演出了，瓦伦达一直说他一定不能失败，否则将身败名裂。瓦伦达的妻子说，以前瓦伦达并不会在意这些事，他只想着如何走好钢索就够了，如今他因为过于关注别的事情而患得患失，最终酿成了悲剧。

第三章
40岁之前实现财务自由的人都在想什么

那么我们怎么做才能控制这种患得患失的情绪呢？

1. 明确自己的目标

明确自己的目标，即我们要知道自己真正需要、真正等待的机会是什么。投资市场中每一次行情波动都有可能"柳暗花明又一村"，市场不缺机会，但不是所有的机会我们都能把握住。如果我们没有明确自己真正的目标，那么害怕错失机遇的心理就会时刻诱惑着我们，打乱我们的阵脚，令我们失去航向，难以抵达对岸。

2. 不要幻想一夜暴富、突然发财、日进斗金

拥有这种想法的人，其实在无形之中增加了自身的压力。在投资理财过程中，我们应该追求的是稳定盈利，不求每笔投资都能赚钱，而应当追求整体投资收益维持平稳增长。

3. 不要时时刻刻紧盯投资情况

除非我们是短期投资者，否则长时间关注行情波动会让我们产生机会稍纵即逝的感觉，使我们的情绪随着行情一起波动。这样很容易让我们丧失客观判断的能力，还没有搞清楚背后的规律，就频繁做出冲动的决策，容易造成损失。在投资之外，我们可以寻找一些其他的业余爱好，这样可以分散注意力，平复心情，减轻投资持有过程中的煎熬。

4. 树立正确的投资价值观

很多人习惯一开始就以盈利的多少来衡量自己的投资是否成功，对投资抱有很大的收益期待。患得患失在很多时候都是源于投资者对金钱的执念，要摆脱它，投资者首先需要放平心态，树立正确的金钱观，不为暂时的失败而懊恼，乐观地等待下一次机会的出现。

5. 练就扎实的基本功

良好的投资心态固然重要，但要想成功，技术和心态缺一不可。我们要建立相对成熟、完整的投资系统，研究投资技巧，提高自己的判断能力。如果我们判断错误，等待的机会是错误的，又谈何盈利。要想抓住正确的机会，

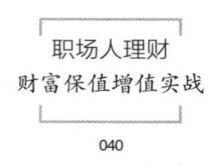

我们就需要具备扎实的理论基础，并且学以致用，通过实战加深对所学知识的理解。久而久之，我们就能形成自己的投资系统，明白什么机会才是我们应该把握而且可以把握住的。

6. 轻仓投资，控制风险，优化资金配置

投资中出现的很多心态问题是由于资金管理不当造成的，例如在某笔投资中所投入的资金过多，占投资总资金的份额过大，就会使我们对风险的承受能力降低。仓位减轻以后，一两笔交易的亏损对我们而言一般在可承受范围之内，自然不会带来很大的心理压力，从源头上解决了很多心态方面的问题。虽然这样会降低收益率，但也会大大降低投资风险。

3.2.2　学会转移自己的风险

《富爸爸财务自由之路》一书中提出了这样一个观点：做银行，而不是做银行经理。书中富爸爸曾说：钱，是要用头脑来观察——而不仅仅是用眼睛看。人们情感高涨，但是视力模糊，他们只能看到被训练看到的东西。

在投资中，我们要学会转移自己的风险。转移风险是指投资者主动将部分风险转嫁给其他单位或个人承担，以此来减少投资者自己承担的风险。通常情况下，风险转移有保险转移和非保险转移两种形式。

保险转移是指通过购买保险，签订保险合同，投资者向保险公司缴纳保险费，由保险公司承担与投资者约定事项发生后的风险。一旦风险发生并且造成损失，保险公司要按照合同约定向投资者进行赔偿。由于保险转移方便、易懂，因此是很常见的一种风险转移方式。但是并非所有风险都能够通过保险转移，能够通过保险转移的风险要满足以下条件：

（1）损失程度较高。

（2）损失的发生必须是意外的，不能是人为造成或预期一定会发生的。

（3）损失发生的概率较小。

(4) 损失可以测量，可以估价。

(5) 多种损失不能同时发生。

非保险转移主要包括租赁、基金制度、互助保证等，是通过签订合同将风险以及风险可能造成的损失转嫁给他人。

除了将风险转移给他人，投资者还需要具有敏锐的洞察力，能够提前感知市场动向。投资市场本质上是交易市场，因此会受到社会生产力和社会需求等因素的影响。一些投资专家认为在养老、医疗等领域进行投资布局是非常明智的选择。历史经验告诉我们，市场的自我调节是非常重要的，而由人工干预产生的谷底将会非常不稳定。

3.2.3 低谷是爆发的转折点

经济危机是指宏观经济在较长时期内处于不断收缩、经济增长率为负的状态。它是由于生产过剩导致的危机，是资本主义经济周期中的决定性阶段，会周期性地爆发。经济危机的主要表现有商品积压、生产锐减、工人失业、企业倒闭等，例如之前的经济危机中曾出现过人们将牛奶倒掉的现象。

一旦一国或多国发生经济危机，全球的经济发展都会受到影响。

有的学者把经济危机分为"被动型危机"与"主动型危机"两种。

被动型危机是指在宏观经济管理部门没有准备的情况下，出现的经济严重衰退或货币大幅贬值，从而引发金融危机，进而演化为经济危机的情况。被动型危机下，很难认为货币的价值在危机之后还会回升，这个危机过程实际上是对货币价值重新确认的过程。

主动型危机是指宏观经济管理部门为了对经济市场进行调节而主动采取政策行为的结果。危机的产生完全在相关管理部门的预料之中，这种危机或经济衰退可以被视作经济市场改革的机会成本。

产生经济危机的5大原因如图3-2所示。

A 经济政策错误
B 原材料紧张，尤其是原油危机
C 自然灾害
D 全球化的后果
E 金融政策错误

产生经济危机的5大原因

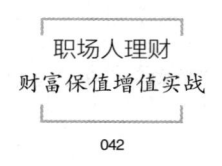

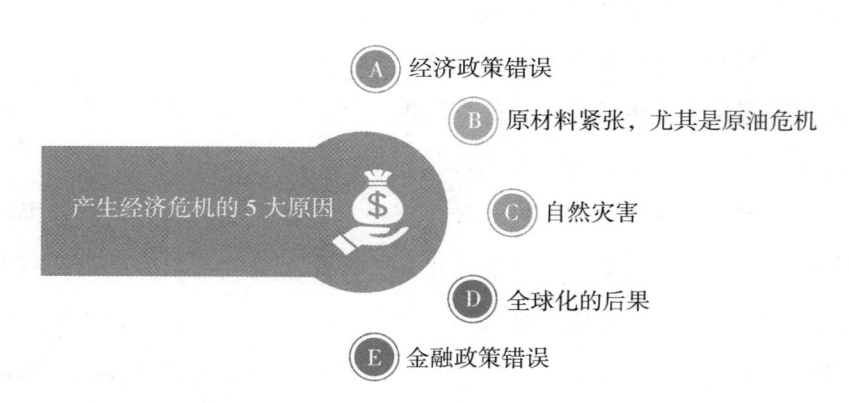

图3-2　产生经济危机的5大原因

经济危机早在简单商品生产中就已经存在了，这是同货币作为流通手段和支付手段相联系的。经济危机无法完全避免，也没有办法消除，但我们可以采取措施，尽量减少经济危机给我们带来的损失。卡尔·马克思在《资本论》中写道：市场经济无法消除产生经济危机的根源，因而经济危机周期性地爆发。经济危机周期包括4个阶段——危机、萧条、复苏和高涨，与之相对的投资理论是美林投资时钟理论，如图3-3所示。它是一种实用的指导投资的工具。

美林投资时钟理论按照经济增长与通胀的不同搭配，将经济周期划分为4个阶段。

（1）复苏期：经济上行，通胀下行。该阶段经济发展加速，股票收益最高，债券次之，现金贬值，商品市场依旧低迷。

（2）过热期：经济上行，通胀上行。通货膨胀率的上升使商品价格不断提高，简而言之，钱越来越不值钱。原本1美元1杯的可乐，在该阶段可能售价10美元1杯，因此该阶段的商品市场收益率最为可观，股票次之，现金依旧贬值，债券吸引力受加息政策的影响而降低。

（3）滞涨期：经济下行，通胀上行。通货膨胀率不断提升，经济发展形

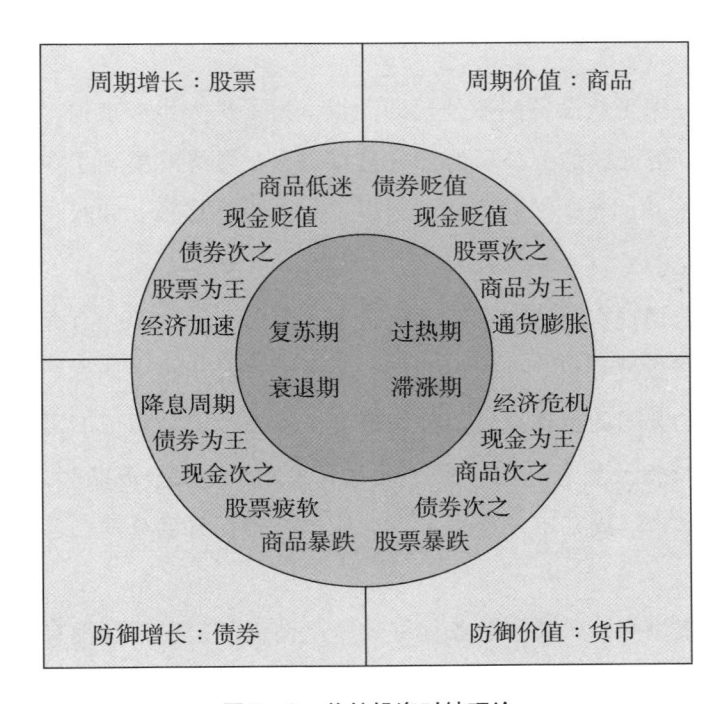

图 3-3 美林投资时钟理论

势低迷，此时正处于经济危机中，持有货币是最佳选择，而股票、债券等会受到冲击。

（4）衰退期：经济下行，通胀下行。通货膨胀率在该阶段开始下降，货币政策趋松，经济即将触底反弹，因此债券的吸引力增强。

3.3 负债并非洪水猛兽

在很多人的认知中，负债是洪水猛兽。但事实上，有时负债并不是一件坏事。负债也被称为财务杠杆，只要它在合理范围内，就可以让我们手中的现金最大限度地流动起来，创造更多价值。

3.3.1 财务杠杆撬起高收益

周某是一家工业设备制造公司的老板，为了扩大生产规模，周某向金融机构贷款 200 万元，加上公司的部分自有资金，最终筹集到了 300 余万元用于购买新设备、扩大生产线，并且租赁了新的办公场地，同时招聘了一批高水平的新员工。

周某的公司现在虽然能够正常运转了，但欠下了约 500 万元的债务，需要定期偿还贷款及利息。一段时间后，公司的产品出现了问题，导致一个大客户终止了与公司的合作。这使公司遭受了损失，但公司依旧需要按期偿还金融机构的贷款及利息。在一系列压力下，公司的现金流断裂，难以为继，最终走向了破产。周某不仅失去了自己原本经营良好的公司，还背上了巨额债务。

在上述案例中，周某的财务杠杆效应是消极的，它不仅没有提高企业的盈利能力，反而因偿债压力过大使企业面临巨大风险。理财中的财务杠杆是指通过负债将社会资源集中起来，将其投入生产领域，并从中获得回报。利用财务杠杆，我们可以实现高效理财。

很多人将债务与贫困、游手好闲等负面词汇联系在一起。实际上，这是一种错误的看法，负债在很多情况下并非一个贬义词。例如很多投资高手知道，如果一家公司没有任何负债，那么它必然不值得投资。因为公司没有负债意味着公司只用自己的资金进行生产、运营活动，资金周转压力大，资金链更容易断裂。反观那些上市公司，几乎都有负债，例如京东旗下的京东健康，上市之后不仅存在负债甚至出现了负盈利，但是投资者依然认为京东健康是一家有潜力的公司，因为它有足够的偿还能力，能够保障投资者的利益。

一家有发展潜力的公司一定拥有合理的资产配置结构，而且能够在发展过程中不断调整、优化自己的负债结构。

第三章
40岁之前实现财务自由的人都在想什么

同样，我们在日常生活中也不需要过于担心负债，只要确保自己有足够的偿还能力即可，适当的负债是良性负债。随着市场监管体系的日益完善，我们在日常生活中可以选择的借款渠道越来越多，如果能够合理规划和妥善利用这些借款渠道，我们就可能提前过上自己的理想生活。

现实生活中，很多"90后"和"00后"选择超前消费，在控制风险的基础上，以借款的方式"借鸡生蛋"，有效地提升了获取财富的速度。而思想较为传统的人则选择先积累财富，积累了足够多的财富后再进行大额消费。最明显的对比当属买房，思想较为传统的人大多选择攒够一定资金后全款购入房产，而新时代的年轻人大多选择向银行借贷，分期偿还购房贷款。

以信用卡消费为例，从信用卡消费到还款有一定的免息期，持卡人在免息期内偿还欠款，无须支付利息。对于通过贷款购房、购车的职场人来说，使用信用卡能够缓解房贷与车贷带来的压力。

负债能够帮助我们实现"借鸡生蛋"，用别人的钱来赚钱。例如当有一个绝佳的投资机会出现时，如果仅仅因为没有足够的资金就放弃，不是明智的选择，我们可以在风险可控的范围内选择合适的借贷产品，激发财务杠杆效应，提升资金回报率。

很多经验丰富、经济实力雄厚的投资者在进行大笔投资前会选择股指期货等工具，获得大笔资金，实现证券投资的"借鸡生蛋"。当然，他们能够获得大笔资金的前提是自己有足够的偿还能力，并且对将要投资的项目进行了深入分析，能够确保自己很大程度上会获得超额回报。而投资新手则可以选择信用贷款、抵押贷款等方式实现以小博大的资金创造。

实际上，经济学中的投资就像物理学中的杠杆原理一样，无非是通过投资这根杠杆实现以小博大，用尽可能小的成本博取尽可能大的收益。如果职场人能够用好财务杠杆，那么也就比别人距离财富自由更近一点。仅靠个人工资积累财富不过是初级理财阶段，让自己的钱与别人的钱都为自己创造财

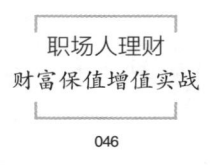

富才是高级理财阶段。

3.3.2　让资金流动起来

在投资中，有一个著名的理论——"博傻理论"。博傻理论是指投资者在资本市场中不在意一件产品的真实价值，愿意花高价购买，这主要是因为，还会有其他人愿意出更高的价格购买走这件产品。这个理论告诉职场人：在投资中，有风险并不可怕，只要在自己之后有人接盘就可以。

博傻理论揭示了投资背后的动机，投资者需要判断是否还会有下一任买家从自己这里买走产品。而不同的投资者对于未来价值判断的不一致性支持了博傻理论的存在与发展。

博傻行为分为理性博傻和感性博傻：理性博傻者在知道博傻游戏的情况下自主进入，时刻准备通过快速投资获得利润；而感性博傻者在不知情的情况下进入博傻游戏。

投资者如果能够抓住机会在市场的价格波动中获取收益，就为社会创造了财富。而机会一旦错过，投资者的财富不仅不会增加，还有可能会损失一部分。因此，人们经常说"投机是投资的最高境界"。

米高·马加斯是一位投机大师。1973年，美元汇率大幅下跌，通货膨胀问题严重。当时的马加斯已经有了出神入化的投机技巧，在全面上升的市场中堪称"常胜将军"。在期货市场中，马加斯因大意犯了一个严重的错误，错失一个非常好的机会，而这也给他留下了刻骨铭心的教训。

当时的大豆期货价格由3.25美元/蒲式耳（1蒲式耳相当于35.238升）暴升至12美元/蒲式耳。在大豆牛市中，马加斯一时冲动将所有多头平仓（看涨的投资者将手里的合约全部卖出），原本寄希望于大豆出现回吐（某只股票的价格或某个市场指数的点数向下调整）时再度买入，却忘记了师傅锡高达告诉自己的"一定要在证实市场走势已经逆转后才可以离开市场，赢钱必须赢尽"的教诲。

第三章
40岁之前实现财务自由的人都在想什么

平仓之后，马加斯眼睁睁看着大豆期货连续12日涨停，既惊讶又悔恨。当时的马加斯每日回到公司，都会看到师傅锡高达因为收获到大豆期货涨停板的利润而欣喜不已，而自己却要忍受"坐冷板凳"的痛苦。对于马加斯来说，上班已经变成了一种难以忍受的折磨。

之后的马加斯在投机过程中更加小心谨慎，几乎没有犯过任何错误。马加斯秉持着"三位一体"的交易原则：基本因素出现供求不平衡的情况、图表分析发出相同信号、市场基调要与市场走势互相配合。马加斯的大部分利润来自"三位一体"的交易。其中，市场基调与市场走势是否互相配合在马加斯的交易原则中占有重要地位。

20世纪70年代末期，大豆进入牛市阶段，供不应求。政府每周都会宣布非常强劲的大豆出口数量。在这种情况下，大豆价位自然被持续推高，当时的马加斯持有非常多的大豆多单（看涨的期货单子）。

有一天，马加斯的经纪人告诉马加斯，大豆的出口数量再创高峰，大豆价格暴升，但是马加斯持有的多单并没有满仓。市场普遍认为即使没有增加新的多单数量，大豆期货合约依然会连续3日出现涨停板，马加斯对于自己尚未满仓而感到不悦。第二天，大豆期货果然出现了涨停板，其后大豆期货合约在涨停板价位出现大额成交量。然后，忽然之间，大豆期货合约回头下跌，马加斯得偿所愿，买入更多的大豆期货合约。

当时的马加斯心存疑虑：大豆本应该连续3日涨停才与市场预期相符。经过深思，马加斯感觉到了一丝异常，立即通知经纪人沽出（看空，是在判断后市是跌的基础上做出的决策）手上的所有多头合约，卖出开仓。一时之间，马加斯成为市场的"疯狂大沽家"，最终大豆价位大幅下跌，马加斯大获全胜。

马加斯认为，天分是顶尖投机大师不可缺少的东西。事实上，要想成为一个具有竞争力的投机大师，并且依靠投机维持生计，努力是走向成功的必备条件。对于经常亏钱的投机者和初入行的投机学徒，马加斯给出以下忠告：

（1）每一次买卖最多只能输掉本金的5%，这样你就有20次出错的机会。正常来说，只要保持一半的正确率，盈利时赢得彻底，最终是会获利的。

（2）在进入股市之前，一定要为自己设置切切实实的止损点，不能自欺欺人。手中无止损，但是心中应当有止损。入市的交易单只有伴以离市的止损单，才能保证在亏损继续扩大前立即斩仓离场。就算是刚入市5分钟，只要你感到危险来临，也应该毫不犹豫地平仓，即使他人认为你的做法有问题也在所不惜。

（3）出色的投机大师大多是独断专行的。很多优秀的投机大师各自有各自的特长，同时也会有不同的弱点。假如一个投机大师经过四处访问之后，才决定下注，那就可能将所有人的缺点集于一身，造成严重的后果。很多专家本身就不是实际入市的投机者，他们的建议更没有必要听从。四处寻求建议的做法还会使自己的自信心下降，从而变得畏首畏尾，使自己的交易体系前后不能保持一致，最终因为三心二意而输得莫名其妙。

（4）必须限制入市买卖的次数。常言道"上得山多终遇虎"，做得越多，出错的可能性越大。投机者应当把握最好的机会，然后放手入市。投机者成功的关键就是守株待兔，耐心等待入市时机。

（5）投机者可以通过对自己的账户净值每日画图来了解自己的交易状态。当你的净值江河日下，这个信号就应当引起你的注意了。为了确保自己能够在投机市场里生存下去，你必须时刻保持警醒。当你对自己的投资事业感到迷茫的时候，应当暂时离开市场去休养，等到恢复精力后再加入战斗。根据投机大师们以往的经验，休息对投机者有百利而无一害。休息之后，投机者的头脑变得更加清醒，很可能会取得更好的结果。

3.3.3　全款买房与贷款买房

随着生活水平的逐渐提高和家庭成员的增多，许多家庭会选择再买一套房子。在买房时，很多人会面临一个问题：是选择贷款买房还是选择全款买房呢？

全款买房与贷款买房对比如表3-1所示。

表3-1　　　　　　　　　　全款买房与贷款买房对比

选择	优势	劣势
全款买房	支出少； 流程简； 易出手； 长期压力小	短期压力大； 变数大； 风险大； 丧失很多机会成本
贷款买房	花明天的钱圆今天的梦； 把有限的资金用于多项投资； 银行对楼盘进行审查替你把关，风险小	债务重； 流程烦琐； 不易迅速变现

由上表可见，全款买房的优势在于以下几个方面：第一，整体支出较少，不需要支付银行贷款利息、手续费等杂费，而且很多开发商还会给全款买房者一定的优惠；第二，全款买房的流程更简单，直接签订合同，全额支付房款即可，无须在银行、售楼处之间往返多次；第三，全款买房更容易转手变现，贷款购买的房子想要转手还需要考虑利息、通货膨胀等多种因素，流程十分复杂；第四，全款买房的购房者不必因举债而长期承受巨大的心理负担。

但是全款买房也存在一些劣势：第一，对于一般家庭来说，全款买房压力较大；第二，全款买房变数较大，很多楼盘是期房，存在五证不全的问题；第三，全款买房风险较大，一旦开发商没有按期交房或房子烂尾，购房者的购房款基本上就打了水漂；第四，全款买房会导致购房者手中的流动资金减少，容易错失投资机会。

而贷款买房也同样存在优势和劣势。其优势主要体现在以下几个方面：第一，贷款买房可以在短期内减轻购房者的资金压力，而且能够用较少的资金提前圆梦；第二，贷款买房使购房者可以灵活配置手中的流动资金，甚至可以以租养贷，有多余的资金可以用于投资；第三，由于正规贷款是购房者向银行申请，银行为了确保回收本息，会对开发商的资质进行严格审查，安

全性更高。

贷款买房的劣势在于：第一，长期背负债务会使购房者的心理压力很大；第二，在向银行申请贷款时，购房者需要经过烦琐的流程才能够获得贷款；第三，贷款购买的房子不易变现，当购房者急需现金时很难在短时间内出手。

在打算购入房产时，购房者可根据自身情况选择合适的购房方式。例如小张和小王是好朋友，二人家境相仿，同为某新能源企业的高管，收入也较为接近。二人约定买房子也要买相邻的房子做邻居。经过一番比对，小张和小王看中了某在建楼盘，在看过样板间之后，两个人都预付了定金，但二人选择的购房方式不相同。

小张后续有出国深造的打算，他更希望提前在国内把所有事情解决好，不希望自己人在国外时，却还要惦记国内的房贷，而且全款买房还能够省去烦琐的贷款流程，转手变现也比较快。然而小王有一个感情稳定的女朋友，已经将结婚提上了日程，他更希望自己能将手中有限的资金用于投资，减轻自己筹备婚礼和购房的资金压力。而且这套房是小王的首套房，贷款利率比较低，作为婚房，短期内不会将其转手变现，所以贷款购房最为划算。

全款买房和贷款买房各有优劣，没有十全十美的购房方案。所以购房者在购房时也要依据自己的条件来判断更适合选择哪种购房方式。

第四章
理财从规划开始

第四章
理财从规划开始

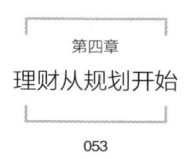

理财的第一步不是投资各种产品，而是进行财务规划，增加每个月的结余。我们要设置理财目标，计划收入和开支，尽可能把每一分钱都花在刀刃上。

4.1 个人财务规划，理性面对市场变化

无论收入高低，任何人都需要有自己的财务规划。它规划的不仅是我们的财务，更是我们的人生。财务规划可以帮助我们理清现有资产，规避消费陋习，养成理智消费的好习惯。

4.1.1 目标清晰，不盲目理财

对于大多数人来说，理财的目的不外乎调节日常生活的收支平衡、缓解家庭的经济压力、实现个人财富增长、有效规避经济风险。无论出于什么目的进行理财，我们都要将目的量化为具体、清晰的计划。

在制订一份计划前，我们首先需要充分考量自身的实际情况，选择一个需要付出一定努力才能达到但又不会过高的目标。拥有一个明确、清晰、努力后能够达到的目标，可以使我们保持一定的积极性，有效激发为未来奋斗的动力。

王某曾经向他的理财顾问咨询："我的目标是在一年内赚100万元，我应该如何实现这个目标？"理财顾问对他循循善诱道："王先生，你认为你当前从事的保险行业能不能帮你达成这个目标？"王某说："我认为没有任何问题。

我在保险行业很有经验，只要我努力，就一定能够实现。"

"我们来看看你需要为自己的目标付出多大的努力。根据公司的提成比例，想要赚到 100 万元的佣金，你大概要做出 300 万元的业绩。一年 300 万元的业绩，一个月就是 25 万元，一天就是大约 8300 元。这样一天大概要拜访多少个客户？"王某回答："大概 50 个。"

"那么如果一天要拜访 50 个客户，一个月大约需要拜访 1100 个，一年你就需要拜访 13000 个客户。"理财顾问问道："请问你现在有 13000 个 A 类客户吗？"王某陷入了沉思。"如果没有的话，就要拜访陌生客户。你平均要和一个客户谈多长时间呢？""至少 20 分钟。""每个人要谈 20 分钟，一天要谈 50 个人，也就是说你每天至少要花十六七个小时与客户交谈，请问你能不能做到？"王某恍然大悟。

目标不是凭空想象的，也不是孤立存在的，而是与计划相辅相成的。目标指导计划，计划是否有效决定目标能不能达成。所以我们要根据切实可行的计划确定目标。我们在确定目标时，可以参考以下 3 个原则：

（1）理财目标要考虑周全，不仅要考虑自己近期的需求，也要考虑将来的计划，例如子女的教育问题、父母的养老问题等。

（2）理财目标要符合实际，不要妄想一夜暴富。

（3）理财目标要具有灵活性，根据市场变化及时调整。

在长期目标下，我们可以再明确一些清晰、可量化的短期理财目标，一步步实现。短期目标通常需要具备两个属性，如图 4-1 所示。

以结果为导向	·可以用货币精确计算
有时间限制	·确定实现目标的具体期限

图 4-1 短期目标的属性

某位马拉松冠军成功的秘诀在于，每次比赛之前他都会开车在比赛线路上绕一圈，记住赛场沿线的一些标志性事物，如大型的建筑物、特别的树、

不同的拐点等。之后，他会将所有标志性事物画在地图上，并按照标志性事物的长相将整体路线进行分解。通过这样的分解，一段长长的跑道，就被分成了一个一个的小目标。

理财目标也是如此，当目标被清晰地分解后，激励的作用便显现了出来。当我们实现了一个小目标后，自信心因此而增强，进一步，增强我们前进的动力。

4.1.2 明确进账，厘清收入

确定理财目标后，我们需要直面自己的经济现状，厘清自己具体的收入情况，对于目标达成期限内自己的收入变化形成预期。

要判断自己的财务状况，我们首先需要用拥有的资产减去未偿还的负债，以计算财富净值。这个数额会让我们明确自己的经济现状，帮助我们做好决策，进而实现目标。我们可以创建一份简单的电子表单，也可以在网上寻找模板，借助它们来计算自己的财富净值。具体可以从以下3个步骤（见图4-2）入手：

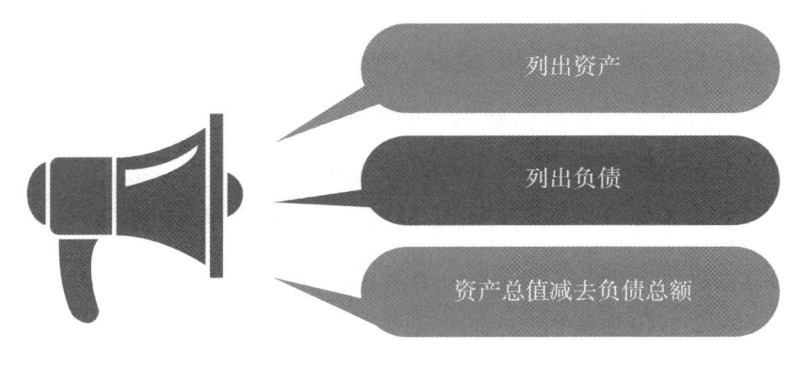

图4-2 明确财务结构

（1）列出资产。

资产是指我们拥有的财产，包括可支配的现金、定期与活期存款、退休

基金、房产、动产、投资等。我们可以在每项资产旁边列明其价值，例如我们拥有一套房屋，那就可以在旁边列出房屋的价值。对于股票投资组合、汽车等其他资产，我们也可以如此操作。把各项资产的价值相加，就能得出我们的资产总值。

（2）列出负债。

负债是指我们所欠下的一切待偿还债务，包括贷款余额、信用卡欠款、助学贷款、购车贷款以及其他各种个人贷款。把各项个人负债的金额相加，就能得出负债总额。

（3）资产总值减去负债总额。

资产与负债相减，得到的数字就是我们的财富净值。如果得出的是负数，就表明我们的负债比拥有的资产要多，压力相对较大；反之，压力会小一些。随着理财计划的不断推进，资产总额逐渐增长，由于不断偿还，负债也会慢慢减少，压力逐步减轻，经济情况会慢慢好转。

明确了财务状况后，我们需要对未来的收入情况进行简单的规划。想要完成之前所定的目标，我们就不能只满足于当前的收入水平。我们需要规划一个逐步提高收入的方案，可以包含职业发展道路，也可以包含各项资源、产品投资的投资收益增长预期。对此，我们可以咨询一些理财专家，获得针对我们实际情况的、专业性的建议。如果收入主要来自工资，那么来源过于单一，我们的抗风险能力比较低，因此投资是刻不容缓的事情。

如果没有投资经验，我们在股票投资方面需要慎重考虑。我们可以选择基金或收益稳定的银行理财产品，用可投资资金的 50% 购买股票型基金，30% 购买平衡型或债券型基金，20% 购买银行理财产品。

在银行存款配置方面，我们也可以采取以下的小技巧：

（1）巧排定期存款。

很多职场人为了方便管理存款，会将所有资金都存进一张大存单中。例如小李将 50 万元存在一起，但后来遇到突发情况，需要 5 万元救急，小李不

得已动用了 50 万元的大存单，损失了很多利息。为了避免这种不必要的损失，职场人可以将储蓄金额巧妙排开，比如将 50 万元按照 5 万元、10 万元、15 万元、20 万元的配置进行储蓄。如此一来，就可以依据所需金额的多少取出相应的存款，减少利息损失。

（2）宜选通知存款。

如果职场人有一大笔现金，可能在短期内使用，可以选择通知存款。通知存款是一种不约定存期，支取前需要通知银行，约定支取日期和金额方可办理支取并获得利息的存款方式。个人通知存款不论实际存期多长，均按存款人提前通知的期限长短划分为一天通知存款和七天通知存款两个品种。

一天通知存款必须提前一天通知银行约定支取存款，七天通知存款则必须提前七天通知银行约定支取存款。一天/七天通知存款的起存点和最低支取额均为 5 万元，需一次存入，可分次支取，利随本清。

（3）约定自动续存。

很多职场人忙于工作，在自己的理财产品到期后没有及时办理续存手续，导致续存前按照活期利率计息，损失了一部分利息收入。为了避免这一损失，职场人可以选择具有自动续存功能的理财产品，理财产品到期后能够自动续存，免去转存的麻烦。

4.1.3 分析支出，规避消费陋习

消费是为了满足我们的需求，使我们的生活更加美好，但如果我们不对消费支出做一个合理的规划，那么超额消费势必会对我们的财务状况造成负面影响，尤其是对家庭来说。因此，我们要树立正确的消费观念，做好消费支出规划，规避消费陋习，例如分类记录各项开支、设定预期消费额度等。

首先，我们可以列出一个年度财务需求表，将一年内可预估的支出进行整理，如表 4-1 所示。

表 4-1　　　　　　　　　家庭生活年度财务需求表

分类	未来一年的支出项目	每月	全年
固定支出和投资	租金或房屋按揭		
	保险费（人寿保险+财产保险）		
	债务偿还（消费品分期付）		
	银行定期存款及投资		
	父母赡养费		
	子女教育费		
	其他		
	全年小计		
生活费用	膳食费		
	服装费		
	电话费、水电费		
	香烟、化妆品等		
	其他		
	全年小计		
业务开支	交通费		
	业务应酬		
	文具、杂志费用		
	其他		
	全年小计		
其他杂项	学习、培训费		
	旅游费		
	俱乐部及会员会费		
	其他		
	全年小计		

　　列出目前所有的支出项目及相应的金额后，还要将各种支出进行分类，如按照重要程度将开支分成 A、B、C 这 3 项，并估计每项开支发生的可能性。

　　例如 A 项是最重要的开支，将来该项开支发生的可能性为 100%，称为固定开支；B项是较重要的开支，将来该项开支发生的可能性为50%～100%，称为非固定开支；C项是不重要的开支，将来该项开支发生的可能性为0～50%（不含），称为完全非固定开支。

然后，我们将各项开支分别进行汇总整理，就能够较好地估算出将来的支出金额。

具体的计算方式为：A项×100%＋B项×60%＋C项×50%＝支出金额。

为了让计算更加准确，我们还可以对各项开支进一步细化，列出D项、E项等可能增加的风险开支。例如D项是假设由于家庭主要经济来源丧失造成的家庭收入减少，E项是假设由于发生生病住院等情况造成的额外支出等。

在掌握和了解家庭的收支结构情况后，我们就可以通过养成每日记账的习惯，定时或随时对收支情况进行分析，总结收支的实际发生额与预算之间的差距，及时调整，做到家庭收支的平衡，以实现家庭收支的科学安排。

对家庭支出数额及比例分配有了更直观、清晰的认识后，我们就要分析其优缺点，对其做出合理的调整，优化消费习惯。

在规划家庭资产分配比例时，我们可以参考"4321定律"，如图4-3所示。家庭资产配置比较合理的分配比例一般为：40%用于买房或股票、基金等方面的投资；30%用于家庭生活开支；20%用于银行存款，以备不时之需；10%用于保险支出。

按照"4321定律"来安排家庭资产，既可满足家庭生活的日常需要，又可以通过投资使资产保值、增值，还能够为家庭提供基本的保障。在此定律的基础上，我们可以根据家庭实际资产水平做出适当调整，寻找最合适的资产配置比例。

4.1.4 制定预算，设置开销警戒线

俗话说，计划赶不上变化。在实际生活中，我们的收支情况不可能永远

家庭资产配置

- 10% 保险支出
- 20% 银行存款
- 30% 家庭生活开支
- 40% 买房或股票、基金等方面的投资

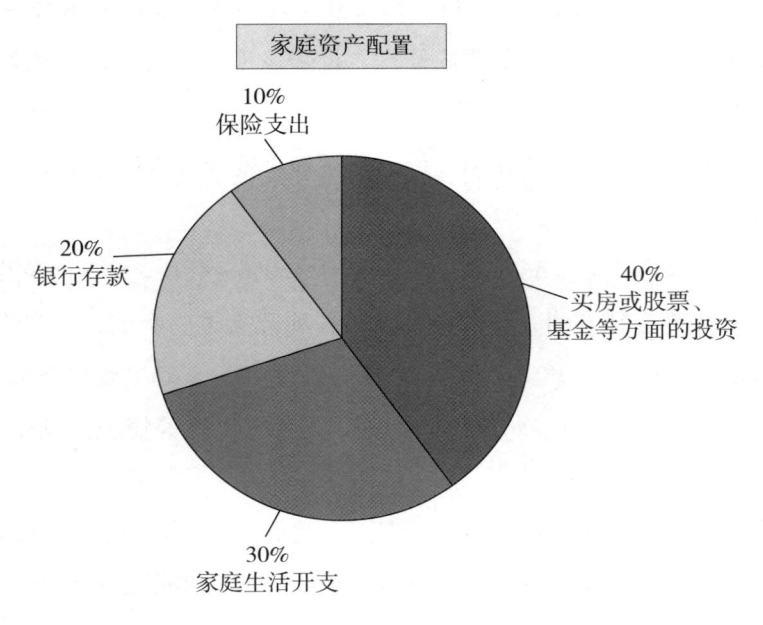

图 4-3　"4321 定律"

按照我们的预期发展，这就需要我们制定详细的预算，预留出应急资金（一般建议至少覆盖 3 个月的开销数额），并经常根据实际情况的变化更新预算计划。

有些支出是基本固定的，有些则是不确定的。在制定预算时，我们要尽量明确可变支出的用途，甚至可以把最近几个月的可变支出列成清单。把这些支出相加，然后用总额除以月份数量，这样就可以知道平均每月的可变支出是多少，然后在制定每月预算时纳入考量。

除了大方向的调整，我们也要从日常生活习惯上逐渐改善自己的消费行为。

一次正常完整的消费行为通常要经历 4 个阶段：识别需求、搜索信息、评估选择、决定购买。但在实际消费中，我们并不总是依次经历这 4 个阶段，甚至可能会直接越过某个或某些阶段，这就是冲动消费。

第四章
理财从规划开始

面对日益上涨的物价和逐渐膨胀的消费需求，如何实现需求与现实的平衡成了一个棘手的问题。如果没有良好的消费习惯，我们就很容易陷入盲目攀比、不理智消费的误区。

我们要秉持量入为出的原则，尽量不进行超出自己能力范围的消费，在每一次消费前多问自己"我真的需要吗？我为什么需要？我能承受吗？有没有性价比更高的选择？"以此来减少不必要的支出。只有树立科学、理性的消费观，才能真正有效地改善未来的收支状况。而只有建立一个完整的消费观体系，我们才能在瞬息万变的外部环境与各种观念的影响下坚守住自己的底线，以最合理的方式满足自己的心理需求。

我们可以从以下几个方面入手培养良好的消费习惯：

（1）根据厂商的核心优势以及产品的核心功能选择商品，考虑实际需求，避免为附加的、不必要的功能付费。

（2）数量上做减法，质量上做加法，考虑长远的使用效益。

（3）只购买单次需要的量，不囤积货品，考虑物品本身与个人喜好的"保质期"。

（4）在限制总量的要求下，实行替换原则，确保每一次消费都经过深思熟虑、精挑细选。

（5）经常整理现有物品，避免因遗忘而重复消费，充分优化利用现有物品。

（6）在实施购买行为前给自己一点时间，度过冷静期，减少冲动消费的可能。

即使对收支预算有了一定的计划，我们在日常消费中还是难以时刻拥有控制意识。人们都知道预算很重要，但很少有人能真正落实，所以"月光"的问题并非因为没有记账或是没有做预算而产生的，而是在花钱的时候没有意识到这笔支出会超出预算，即对现金流不敏感。在这种情况下，有一个较为简便、直观的方法可以使我们保持消费警惕性，那就是设置一条开销警戒

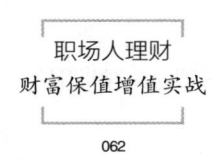

线，为规避经济风险设置一道防火墙。我们要牢记这条警戒线，只要消费金额接近这条警戒线，大脑就发出信号让我们产生警觉心，这个警觉心便可以督促我们再次衡量消费的必要性。

警戒线就是风险的触发值。我们要为每年、每月、每周分别设置一条开销警戒线，规定我们在特定时间段内的最大开销额度，超出额度则容易陷入财务危机。

开销警戒线不是一个随意设置的数值，它需要综合我们现有的消费习惯、较为稳定的可支配收入、对自己风险承担能力的判断、若意外情况发生大致需要的周转资金数额等多个方面的情况，经过细致考量后决定。

当我们设定好了一条开销警戒线后，在每周整理收支账单的时候，便可以进行对比，提前为接下来的日子调整消费额度，让自己在进行每一次消费时都拥有一份紧迫感。

当设定开销警戒线成为习惯后，每月总结时我们就可以回顾自己设定的警戒线有没有落实到位。如果触及警戒线的情况越来越少，甚至开销数额离警戒线越来越远，就说明我们对消费行为进行了有效控制，有利于良好消费习惯的养成。随着财务情况和消费习惯的变化，我们还可以适时对开销警戒线进行调整，达到约束自己的目的，提高实现财务目标的可能性。

在规划收支、制定预算、设置开销警戒线的过程中，我们可以充分利用"随手记"等各种手机理财记账App，做到随时随地记录消费行为、监控消费现状。

制定了预算，设置了开销警戒线，我们就已经初步做好了理财规划。但这只是理财道路上的一小步，接下来我们依然要不断地学习，不断优化自己的理财规划，使其日益完善，通过财务规划让个人或家庭的财务状况更为健康、更为稳固、更令人心安，使我们的生活更加幸福。

4.1.5 风险测评，了解自己的风险承受能力

风险测评问卷——个人版

姓名：_____ 填写日期：_____

以下12个问题将根据您的财务状况、投资经验、投资风格、风险偏好和风险承受能力等对您进行风险评估（每个问题请选择1项，不可多选），有助于您控制投资风险。

1. 您的主要收入来源是（　　）。

　A. 工资、劳务报酬

　B. 生产经营所得

　C. 利息、股息、转让等金融性资产收入

　D. 出租、出售房地产等非金融性资产收入

　E. 无固定收入

2. 您的家庭可支配年收入（折合人民币）为（　　）。

　A. 50万元以下

　B. 50万~100万元

　C. 100万（不含）~500万元

　D. 500万（不含）~1000万元

　E. 1000万元以上

3. 在您每年的家庭可支配收入中，可用于金融投资（储蓄存款除外）的比例为（　　）。

　A. 小于10%

　B. 10%~25%

　C. 25%（不含）~50%

　D. 大于50%

4. 您的尚未清偿的数额较大的债务情况是（   ）。

A. 没有

B. 有，住房抵押贷款等长期定额债务

C. 有，信用卡欠款、消费信贷等短期信用债务

D. 有，亲戚朋友借款

5. 您的投资知识可描述为（   ）。

A. 有限：基本没有金融产品方面的知识

B. 一般：对金融产品及其相关风险具有基本的知识和浅显的理解

C. 丰富：对金融产品及其相关风险具有丰富的知识和深刻的理解

6. 您的投资经验可描述为（   ）。

A. 除银行储蓄外，基本没有其他投资经验

B. 购买过债券、保险等理财产品

C. 参与过股票、基金等产品的交易

D. 参与过权证、期货、期权等产品的交易

7. 您有（   ）的投资基金、股票、信托、私募证券或其他金融衍生产品等风险投资品的经验？

A. 0 年

B. 少于 2 年

C. 2 年至 5 年以下

D. 5 年至 10 年

E. 10 年以上

8. 您计划的投资期限是（   ）。

A. 1 年以下

B. 1 年至 3 年以下

C. 3 年至 5 年

D. 5 年以上

第四章
理财从规划开始

9. 您打算重点投资（　　）。

A. 债券、货币市场基金、债券基金等固定收益类投资品种

B. 股票、混合型基金、股票型基金等权益类投资品种

C. 期货、期权等金融衍生品

D. 其他产品或服务

10. 以下（　　）的描述最符合您的投资态度。

A. 厌恶风险，不希望本金损失，希望获得稳定回报

B. 保守投资，不希望本金损失，愿意承担一定幅度的收益波动

C. 寻求资金的较高收益和成长性，愿意为此承担有限的本金损失

D. 希望赚取高回报，愿意为此承担较大的本金损失

11. 假设有两种投资：投资 A 预期获得 10% 的收益，可能承担的损失非常小；投资 B 预期获得 50% 的收益，但可能承担较大亏损。您的投资选择是（　　）。

A. 全部投资收益较小且风险较小的 A

B. 同时投资 A 和 B，但大部分资金投资收益较小且风险较小的 A

C. 同时投资 A 和 B，但大部分资金投资收益较大且风险较大的 B

D. 全部投资收益较大且风险较大的 B

12. 您认为自己能承受的投资损失的上限数值是（　　）。

A. 10% 以内

B. 10%~30%（不含）

C. 30%~50%

D. 超过 50%

本人已如实填写，并充分了解了自己的风险承受类型和适合购买的产品类型。

本套题根据个人投资者对风险的认识来测量其风险承受能力，并提出投资参考意见。在投资之前，如果能做一遍本套测试，个人投资者将会获得很

好的建议，而且建议隔一段时间就应该再做一遍。因为当个人投资者对风险的理解有变化时，风险承受能力也会随之改变。需要强调的是，不存在哪个分数段好、哪个分数段不好的问题，这只是对个人风险承受能力的一次评估。

风险测评问卷评分参考如表4-2所示。

表4-2　　　　　　　风险测评问卷评分参考　　　　　　　单位：分

题目序号	选项A	选项B	选项C	选项D	选项E
1	4	4	7	5	1
2	2	5	6	7	8
3	2	5	6	8	
4	8	6	4	2	
5	3	5	8		
6	2	4	7	9	
7	2	4	6	8	9
8	2	4	6	8	
9	2	6	9	9	
10	2	4	7	9	
11	2	4	6	8	
12	2	5	7	9	

风险测评问卷评测结果参考如表4-3所示。

表4-3　　　　　　　风险测评问卷评测结果参考

得分（分）	24~33	34~45	46~60	61~80	81~100
测评结果	C1	C2	C3	C4	C5
对应风险偏好	谨慎型	稳健型	平衡型	事业型	激进型
对应风险等级	R1	R2	R3	R4	R5
风险等级说明	低	中低	中	中高	高

投资风险测评结果与投资者适当性匹配关系如表4-4、表4-5、表4-6所示。

表 4-4　　　　　投资者风险偏好与金融产品或服务匹配关系

投资者风险偏好	匹配的金融产品或服务
谨慎型（C1）	低风险（R1）产品或服务
稳健型（C2）	低风险（R1）、中低风险（R2）产品或服务
平衡型（C3）	低风险（R1）、中低风险（R2）、中风险（R3）产品或服务
事业型（C4）	低风险（R1）、中低风险（R2）、中风险（R3）、中高风险（R4）产品或服务
激进型（C5）	低风险（R1）、中低风险（R2）、中风险（R3）、中高风险（R4）、高风险（R5）产品或服务

表 4-5　　　　　投资者投资期限与金融产品或服务匹配关系

投资者投资期限	匹配的金融产品或服务
0~1年	0~1年
0~5年	0~1年、1（不含）~5年
无特别要求	0~1年、1（不含）~5年、5年以上

表 4-6　　　　　投资者投资品种与金融产品或服务类别匹配关系

投资者投资品种	匹配的金融产品或服务类别
债券、货币市场基金、债券基金等固定收益类投资品种	固定收益类
股票、混合型基金、股票型基金等权益类投资品种	固定收益类、权益类
期货、期权等金融衍生品	固定收益类、权益类、期货、期权、融资融券等
其他产品或服务	其他

4.2　不要把所有的鸡蛋放在一个篮子里

"不要把所有的鸡蛋放在一个篮子里"是投资界很著名的理论，它告诉我们不要把所有的资本都投入一件事情上，应该做多手准备。理财不是赌博，

不能罄其所有博收益。因此我们要学会平衡收益与风险，分散投资，保证财产稳定增长。

4.2.1 钱要分类，设置保本与增值两本账

收益与风险是相对应的，两者相伴而生。一般来讲，收益高则风险大，风险小则收益低。

很多人认为，在有价证券投资中，股票的投资收益相当高。但实际上，真正盈利的人比较少，而且一旦投资决策错误，在股票价格大幅下跌的情况下会损失惨重。"投资有风险，入市需谨慎"绝不是危言耸听。当然，股票市场的投资如此，其他项目的投资亦然。收益和风险形影相随，收益以风险为代价，风险用收益来补偿。职场人投资的目的是得到收益，与此同时，又不可避免地面临着风险。

那么在资产配置中，我们该如何正确认识、平衡收益与风险的关系呢？

1. 收益的3大主要类型

（1）随机收益。

随机收益主要来源于好运气，由随机的突发事件产生。既然是随机的，那么就有正有负、有好运气有坏运气。在单次的收益中，随机收益有时会起主导作用。但如果扩大次数范围、拉长时间线，那么随机性在其中所起的作用就会越来越小。

（2）贝塔收益。

诺贝尔经济学奖得主威廉·夏普将金融资产的收益拆分为阿尔法收益和贝塔收益两部分。贝塔收益会随市场波动，而阿尔法收益则不受市场波动影响。因此，贝塔收益实际上就是一种相对被动的收益，它会承担市场风险。

例如市场业绩基准上涨10%，某资产上涨11%，看似赚得比其他资产多，但当下跌10%的时候，该资产也会下跌11%，这就是贝塔收益所要承担的市场风险。简而言之，贝塔收益既包括比其他资产跌得多的风险部分，也

包括比其他资产赚得多的收益部分。这种收益通常不需要通过主动选股获得，而是随着大盘起伏获得。贝塔收益是典型的期望收益，"高风险，高收益"中的收益指的就是贝塔收益。

（3）阿尔法收益。

阿尔法收益和贝塔收益之间的关系为：阿尔法收益＝资产收益－贝塔收益。阿尔法收益不受市场波动影响，因此是真正保值、增值的收益。

阿尔法收益是市场上绝大多数主动管控类型基金所追求的收益。很少有个体投资者能够在投资前就意识到哪些基金会成为阿尔法收益中的黑马，因为阿尔法收益需要基金经理和机构对往年基金的走向进行深入分析，通过择股、择时等方法获得，而个体投资者往往不具有这些能力。

例如某基金经理在300只股票中选取了100只较好的进行组合，该组合每年均能跑赢沪深300指数10%，这10%就是稳定的超额收益，即阿尔法收益。需要注意的是，即使阿尔法收益一定为正，最终的总收益也可能为负，如果沪深300指数当年跌了20%，即使阿尔法收益跑赢10%，最终总收益还是－10%。

在投资中，面对更大的不确定性时，必须用更高的收益来补偿。但高风险并不表示一定能带来高收益。最终得到的收益，有可能比期望收益高，也有可能比期望收益低，而且不确定性越大，偏离期望收益的可能性也越大。如果对投资品种的随机性没有一定了解，往往就会只看收益，而忽视风险。

2. 风险的两大主要类型

（1）非系统性风险。

非系统性风险是指个别公司或者行业产生的风险，也被称为微观风险。这种风险事前很难预见，分散化是应对它的有效方法。理论上来说，同时持有全市场的股票就可以完全消除非系统性风险；实践中，一般持有几十只来自不同行业的股票可以消除绝大部分的非系统性风险。

（2）系统性风险。

系统性风险也称市场风险，是指市场整体因素对证券价格的影响。由于

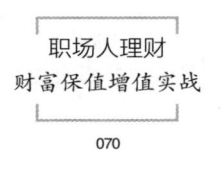

所有证券都受到了影响，所以通过分散化无法消除系统性风险。

系统性风险与贝塔收益相对应。如果承担了较高的系统性风险，那么就可以获得较高的贝塔收益；同理，较低的系统性风险也意味着较低的贝塔收益。如果市场上没有阿尔法收益，我们又不想承担系统性风险，那么能做的就是把钱存到银行或者买国债，获得较低的无风险收益。如果我们可以获得阿尔法收益，又不想承担系统性风险，则可以用金融衍生品进行对冲，消除系统性风险，只留下阿尔法收益部分。

收益与风险犹如一对孪生兄弟。职场人必须明白，在风险投资市场中，你可能获得多少收益，就可能面临多少亏损。因此，如果想做高风险的投资，我们一定要用自己的闲置资金，保证即使亏损也不会影响正常生活。

因此，我们需要做好投资的规划和资金的分类，以便更好地应对各种突发状况，平衡收益与风险。

4.2.2 分散投资，财产才能稳定增值

财富应该被科学、有效地管理，并分散在固定收益、浮动收益的各类产品中，以确保资金在安全的同时不断增值。这其实就是分散投资的理念。

分散投资也被称为组合投资，是指投资者同时将资金投资在不同的资产类型或理财产品中。实行分散投资的意义就在于降低投资风险，保证投资者收益的稳定性。分散投资的目标就是增加投资的种类，例如购买股票时，不要只买同种类型的股票，而是将投资金额分开，同时购买不同类型的股票。当投资金额比较大时，不要只投资单一的目标，除了股票外，我们还可以分散投资房地产、黄金、艺术品等。

分散投资之所以具有降低风险的效果，就是因为各投资标的齐涨或齐跌的可能性很小，即使齐涨或齐跌，其幅度也不会相同。当几种投资组成一个投资组合时，该组合的投资报酬是单一投资的加权平均。某种理财产品不景气时，另一种理财产品的收益可能会上升，在所有理财产品的收益和风险相

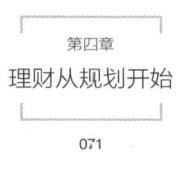

互抵消一部分后，我们仍然能获得较好的投资收益。

分散投资的4种方法如图4-4所示。

平台分散法

产品分散法

时间分散法

利率分散法

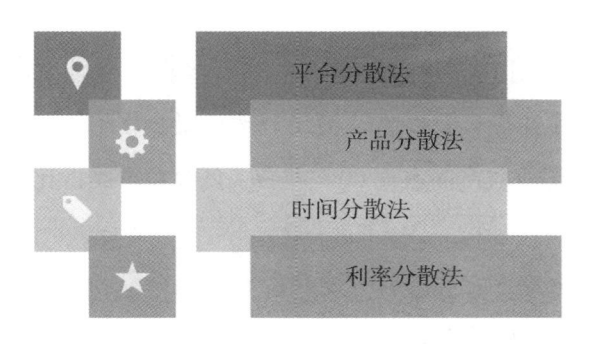

图4-4 分散投资的4种方法

1. 平台分散法

分散投资的第一步，就是要将投资资金分散到不同类型的平台上。职场人在选择投资平台时，一定要将范围扩大，多选择几家进行细致的考察，筛选出其中较为优质的作为备选，最终选择值得信赖的平台进行分散投资。

在挑选平台时，职场人要从平台资质、稳定性、资金安全等多个方面进行考察，避免掉进黑平台的陷阱。另外，职场人也不要盲目否定自己没听过的新平台，而把资金全部注入所谓的老平台中。

2. 产品分散法

职场人要坚持稳健型产品和高收益型产品分散投资的方法。例如在选择了银行定期存款的情况下，我们还可以将部分资金用于投资现货黄金等收益高但风险可控的投资理财产品，其最终目的都是降低投资风险。

3. 时间分散法

投资中有两方面需要注意：一是理财产品的期限尽量不同，二是投资时间要错开。不同的理财产品适合的投资期限和最佳交易时间不同，能产生的收益也不同。短期理财产品资金回笼速度快，长期理财产品收益较高，二者

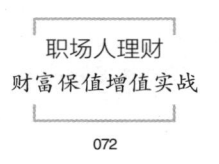

各有优势。职场人可以根据自身实际情况进行长短期投资结合配置，这样的投资方式具有兼顾资金周转和收益的优势。

4. 利率分散法

不少职场人一味追求高收益，容易忽略一些收益率相对较低的理财产品，这样的投资策略往往更容易踩雷。关于利率分散，一般来说，高收益产品占比20%左右，中等收益产品占比60%左右，低收益产品占比20%左右算是比较合理的布局。

上面这些分散投资方法能有效地帮助职场人降低投资风险，提高理财收益。在分散投资时，职场人还应该注意以下事项：

（1）不要为了分散而分散，应当合理配置资金，不要因小失大。

（2）尽量不要选择业务类型重复单一、地域过于集中、有连带关系的平台。

（3）分散投资需要有足够的备用平台，并且优先考虑安全性和稳定性。

（4）在分散投资中，不能死守固定的平台，可以多选择一些平台进行更换，做到灵活变动。

要注意的是，在实际投资中，并不是投资种类越多就越好。据经验统计，在投资组合里，投资标的增加一种，风险就减少一些；但随着标的持续增多，其降低风险的能力会越来越低；当标的达到一定量时，为减少一点点风险而增加投资标的可能会得不偿失，因为职场人需要付出的精力和销售佣金等会相应地增加。所以，进行投资组合时要把握"量"的问题。

同时，投资组合并不是各种投资产品的任意堆积，而应当是各类风险投资的恰当组合，要把握"质"的问题。最理想的投资组合是收益与风险相匹配，使投资人在适当的风险下获得最大限度的收益。

随着投资种类的增加，风险固然下降，但要同时掌握多种资产的动向并非易事，相对的管理成本会因此上升。所以职场人不能只顾着分散风险，还必须衡量分散风险产生的收益以及能否覆盖管理所需要付出的成本。

第五章

要想赚钱，先学会花钱

第五章
要想赚钱，先学会花钱

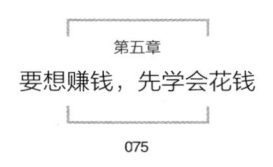

很多人经常抱怨自己存不住钱，这也许是不会花钱导致的。例如没有计划，跟风购买各种网红产品，导致家里堆满了只用过一两次的"废品"；不懂得延时满足，随意进行大额消费，导致手中的现金流紧张。这样的消费习惯不改，又怎么能增加储蓄呢？

5.1 你为什么存不下钱

存不下钱大多是不会花钱导致的。作为一个有自控能力的成年人，我们应该用理智的态度对待消费，有计划地购买需要的物品，而不是被一时的快感绑架，冲动消费，只是将存钱停留在口头上。

5.1.1 花钱要主动而不是被动

这些年，出现了很多形容年轻人的网络流行词，如"隐形贫困人口""精致穷"等。从网红爆款到潮流单品，一些包装精美的商品正在掏空我们的口袋。也许这些商品确实可以给我们带来短暂的幸福感，但这绝不是生活的全部意义。追求精致生活原本无可厚非，但如果自身收入与消费欲望不匹配，往往会毁掉我们的生活。

2022年六一儿童节期间，一个造型可爱、蠢萌的可达鸭玩具模型刷爆朋友圈，各大肯德基餐厅纷纷断货。凭借魔性的姿势和可爱的外观，这个本来只是儿童节套餐赠品的可达鸭玩具模型身价飞涨。原价69元的套餐，单二手

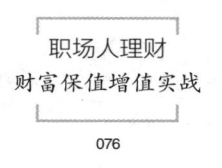

可达鸭玩具模型就卖到了几十元甚至几百元的价格，但依然有人趋之若鹜，只为在朋友圈里晒一张图。

消费主义严重阻碍了财务自由的实现，"车厘子自由""星巴克自由"等消费自由概念使得我们在购买这些非刚需商品时产生一种成就感。其实，被动式消费最可怕的地方在于，它堵塞了我们实现财务自由的道路。如果我们沉浸在消费带来的快感中，便会逐渐失去提升自我的机会。

《傅雷家书》中有这样一句话：既然生活在金钱世界中，就不能不好好地控制金钱，才不致为金钱所奴役。在每次付款前，我们可以重新衡量一下这件商品的价值，思考它是否真的值得我们购买以及我们是否真的需要。商家努力放大我们的购买欲望，面对打着明星同款、潮人必备、网红推荐等旗号的产品，我们一定要冷静、克制。盲目地追求那些所谓的"精致"时，我们只会在消费的那个瞬间得到爽感，对生活的疲惫感随后则会翻涌而来。

这种情况曾在网络上引起热烈讨论，有人认为这种局面是消费信贷产品造成的，他们认为消费信贷产品的存在就是错误的，还建议年轻人立即停止使用消费信贷产品。这个观点得到了多数人的反驳，其中有一句话直戳人心："年轻人，摧毁你的不是消费信贷产品，而是与自己的收入不匹配的消费欲望。"如果我们不能控制自己的欲望，就会成为欲望的奴隶。

"精致穷"这个词原本用于形容年轻人的一种生活方式，即没有因为赚钱不多而放弃追求精致。但实际上，这个概念已经在消费主义的影响下被人们曲解，如今的我们只是在为"精致"二字买单。在离开网络后，我们便会发现那些网红服饰、网红景点、网红美食其实也不过如此，我们的生活并没有因为它们变得美好。真正定义精致的，不应该是消费，而应该是我们自身，我们不应该因为这些虚妄的美好毁掉自己原本的生活。

因此，与其因为追求精致而贫穷，不如努力在贫穷中活得更好。"精致穷"本身没有错，它是我们对美好生活的期待，代表即使物质生活匮乏，却仍走在追求自己向往的生活和喜欢的东西的道路上。错的是我们为追求别人定义

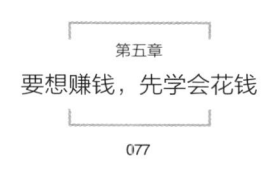

的精致，为自己一时的快感，被消费主义裹挟，从而进行无意识的被动消费。

5.1.2 你买的东西都是你需要的吗

Dior 曾在 2020 年和 Nike 联名发售了一款运动鞋，这款鞋定价 18000 元，而且被抽中的消费者才有权购买。仅 9 小时就有超过 500 万人参与抽签，市场价格甚至被炒到近 30 万元。许多人称其为有钱也买不到的"鞋王"。

这个现象不得不让人想到一个词"FOMO"，这是 Fear of Missing Out 的缩写，意为错失恐惧症。我们害怕错过新闻、想拥有别人拥有的东西、对广泛传播的八卦和热点感到好奇等，这些都是错失恐惧症的表现。

即便我们不感兴趣，但听到朋友们谈论也会不由自主地关注，因为我们不想显得与大家格格不入。有数据表明，如果连续 3 次看到某一文章链接、某一事件，我们主动搜索的可能性会提高，大概这就是"三人成虎"在大数据时代的表现形式。

在购物方面，则体现在我们总是购买所谓"销量遥遥领先"的品牌、受到他人认可的品牌，表面上这些消费行为都是由我们自己决定的，实际上我们不可避免地会受到所处群体的影响。这源自我们从众消费和权威崇拜的心理。长期以来，我们以他人作为消费的参照系，我们愿意购买那些大多数人知道的、认同的、拥有的物品。我们既害怕落后于他人，又害怕与众不同，最终会选择与他人保持一致。

随着如火如荼的消费升级，我们越来越不在乎品牌是否做得最好，在乎的是能否在品牌中获得共鸣，能否凸显自己的品位和个性。我们试图通过消费表达自己的梦想和价值观，试图通过"消费者"这个形象展示自己的生活方式。在这种情况下，我们更容易被群体同化、被商业消费操纵。最终，我们跟随群体疯狂购物，放纵自己的消费欲望。

这种心理本身没有错，错的是我们盲目追求别人对自己的认同，或者陷入享乐主义的泥潭。面对消费主义的"镰刀"，我们首先要学会独立思考、摆

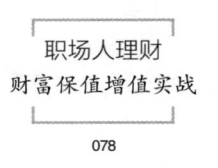

脱群体意识、拒绝超出自身现实的购物欲望，避免自己成为消费主义者。

5.1.3 存钱只是口头行动

消费 200 元和储蓄 200 元仅有 400 元的差额，带给我们的体验或许没有明显的不同，但如果我们每个月都能储蓄 400 元，那么我们 1 年就能有 4800 元的存款。日积月累，两个储蓄观念不同的人所拥有的存款数额的差距会非常大，这种差距更源于两种不同的生活和思维方式。

工作 5 年，小刘从部门的小组长晋升为公司的高管，年薪约 20 万元。他的收入已经超过了许多同龄人，但始终没有多少存款。小刘的父母想让他尽早买房，便主动拿出 30 万元作为资金支持，但小刘所有银行账户的存款加起来也只勉强凑够 10 万元。其实，小刘也很困惑：自己的父母都是退休职工，却能存下许多积蓄；自己的收入并不少，几年下来，竟然与"月光族"没多大区别。

这也是很多年轻人身上普遍存在的问题。他们和小刘的情况相似，收入不低，但始终难以积累财富。实际上，就是因为他们缺乏自我控制的能力和对未来的规划，在有资金结余时，更愿意用于犒劳自己。虽然每笔开销不是很大，但就是这些零零碎碎的支出不知不觉消耗了他们的绝大多数收入。

储蓄是一种本金意识，是投资的基础。可以说，没有储蓄意识的人无法做好投资。有一种名为"哈佛理财教条"的说法，即将月收入的一部分储蓄起来，再利用剩下的部分进行消费。

实际上，我们可以将每个月收入的 10% 存到一个固定的账户上，将这笔钱当作自己的投资本金，用剩余的 90% 来支付其他的费用。我们不愿意存钱，是觉得每月存的小钱不会对储蓄产生多大的影响，但当我们坚持一段时间后，就会有意想不到的收获。哪怕我们每个月只有 4000 元的收入，每个月储蓄 400 元，1 年以后也会拥有近 5000 元的存款。

储蓄是对未来的投资，想要积累财富，重要的不是我们获得多少钱，而

第五章
要想赚钱，先学会花钱

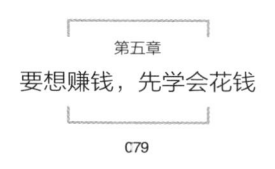

是将多少钱用于储蓄。树立合理的储蓄意识可以帮助我们迅速积累资本，快速走上财富之路。

5.2 避免消费主义陷阱

消费主义是获得愉悦的活动形式，它追求无节制的物质享受和消遣。随着物质生活的极大丰富，许多人陷入了消费主义陷阱，跟风消费、超前消费成为常态，完全不考虑自己的经济承受能力。

5.2.1 "双十一"究竟是谁的狂欢

不知道从哪一年开始，"双十一"变为一个全民购物狂欢日。大多数人选择在"双十一"购物是想省钱，但近几年，随着商家的优惠策略越来越复杂，购买优惠商品的难度也随之增加。我们不禁思考：我们真的在"双十一"省钱了吗？

实际上，许多人已经发现，许多商家会在"双十一"之前将商品价格上调，所谓的优惠价格实际上并不优惠，甚至略高于平时的价格。同时，各类满减优惠券及购物津贴也未必划算，一张"满300元减50元"的津贴，往往需要多件商品累加才能使用。但多数情况下，我们的需求就只有100元的商品。这时，我们为了满足这张津贴的使用条件，就会挑选一些并不需要的商品。就是这种消费心理导致我们的消费超出预期。

不仅如此，很多人在9月就开始为"双十一"做准备，目的是购买那些真正划算的商品。但这种心理会让我们不由自主地添加许多商品到购物车中，那些短暂被遏制的消费欲也会在"双十一"时爆发。

许多带货直播间的忠实粉丝，被主播精心设计的场景和话术吸引，仿佛只要使用主播推荐的化妆品，她们就能成为时尚的精致女孩。等到冷静下来，她们才意识到自己陷入了消费主义陷阱。并不是购买高配的商品就能过上高配的生活，恰恰相反，过度满足自己的不合理欲望、消耗不必要的钱财，只

会使我们离理想中的生活越来越远。

陈小姐在清理储物柜时，意外翻出几年前"双十一"时购买的商品。十几瓶洗衣液中，近一半已过期，3瓶未开封的防晒霜已经全部过期，陈小姐感觉自己一直在跟保质期赛跑，却从来没有赢过。

近几年定金尾款、跨店优惠等玩法层出不穷，优惠活动从加减法升级为奥数题。红包功能也被分成超级红包、红包加码、惊喜红包、订阅红包、天天开彩蛋、分享开宝箱等多个类别。此外，还有跨店满减、店铺优惠券等各种优惠玩法。

实际上，现在很多年轻人热衷于购买低价商品，每一件商品的价格并不高，但是累加起来也是一笔不菲开支。我们很容易陷入购物误区，例如觉得便宜的更省钱，甚至会仅仅因为便宜而购买，结果反而造成更大的浪费。

这些用于凑单的低价商品，有的被直接扔掉，有的很快损坏，有的依然摆在家中占用空间。如果我们不被"双十一"的优惠迷惑，把那些低价商品全都换成真正需要的商品，反而可能节省一笔不小的开支。

我们要冷静思考：在"双十一"购买的那些商品真的给自己省钱了吗？下一次"双十一"我们是否还会再次掉入商家设置的消费陷阱？

5.2.2　摆脱所有权依恋能节省开销

当我们拥有某件物品后，所有权就会形成一道情感的屏障，使我们将自己的情感投入其中，更倾向于喜爱这件物品。这种心理上的感觉就是一种所有权依恋。这种所有权依恋体现在以下3个方面：

（1）迷恋已经拥有的东西，且高估它的价值。

（2）注意力集中于害怕失去而感到的恐惧和因失去而感到的失落上，同时会忽略得到带来的喜悦。

（3）认为别人会同样珍视这件物品。

所有权依恋让我们与所有物之间的羁绊加深。社会心理学家早就发现，

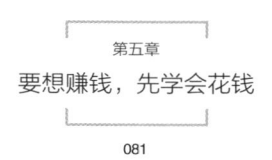

我们为一件事物投入得越多，就会越喜欢它。因为时间是常见的隐形投入，这种沉没成本会强化我们的所有权依恋。

实际上，这种状况不仅发生在拥有某件物品时，对于那些我们并没有真正拥有的物品，我们也会产生这种"自以为拥有"的非理性的依恋。这种虚幻的所有权同样会对我们产生影响。

当我们对物品产生所有权依恋后，就会为了回避失去可能带来的痛苦，而不惜付出更大的代价得到它。例如，当我们试用某一物品后便会产生拥有的错觉，哪怕并不喜欢、并不需要，也想要将其购买回来。在这种情况下，非必需消费的次数就会增加。

那么，我们应该如何摆脱这种所有权依恋呢？

《怪诞行为学》的作者丹·艾瑞里提出这种方法：用"非拥有心态"看待每一笔交易尤其是大额交易，拉开自己和这些物品的距离。换言之，在购物前让商品在购物车中多待一段时间，当我们下一次浏览时，便会从这种所有权依恋中脱离出来，不再会产生强烈的购物欲望。

所以在购买一件物品前，我们要思考自己是否真的必须立即得到它，身边是否存在替代品。如果真的需要，也可以等待几天后再购买。购物在很多时候是在购买我们的情绪。在那个瞬间觉得一定要拥有的东西，过段时间我们可能会发现不过如此。

5.3 大额支出也能理财

在人生的一些重要阶段，我们可能会有大额支出，例如买房、买车等。那么，如何安排大额支出，是一次付清还是分期付款，下面为大家详细解答。

5.3.1 不要一次花光所有积蓄

我们的资金池可以被分为 4 类：现金池、保险池、目标池、金鹅池。这

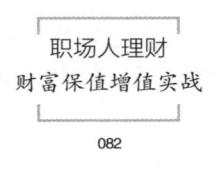

些资金池都需要每月定投，逐步扩大。

现金池里面的钱用于日常生活的花销，如房租、房贷、车贷、一日三餐、通勤费等。需要预存在可以随时存取的账户里面，同时，最好预留一家人3～6个月的生活开支。

保险池里面的钱用于购置保险，通常占家庭收入总额的5%～8%，收入提升后也可以加大投保的金额。

目标池里面的钱则用于满足家人的目标，可以根据每个目标设置不同的小池子。

金鹅池里面的钱用于长期投资，不动用也不会影响正常生活水平。

张小姐在某二线城市购买了一套两居室的房子，并于当年过年之前完成了装修。本来拥有自己的安身之所是一件值得高兴的事，但是随后张小姐遇到了一些问题。当初她在购买和装修房屋时的花费都超出了预算，她还向身边的朋友借了一部分，现在她的公司效益不佳，收入也受到了影响。再过几天，张小姐就需要缴纳房贷和保险，可是她的手中几乎没有可用资金了。

买房、装修都是很难控制预算的大开销，如果没有合理安排，难免会捉襟见肘。我们应该如何避免或应对这种情况呢？

在应对这种情况时，我们可以在确保保险池配置齐全的前提下，提升现金池额度。如果我们原本习惯在手中留3万元作为3个月的生活费，当装修被提上日程后，我们就可以在手中预留10万元。这样，当出现装修费用超出预算需要额外补款的情况时，我们也有预留的钱可以用于偿还房贷。

这样一个简单的调整，不仅可以避免现金池被清空，还可以增强我们的财务安全感，尤其是在背负房贷等债务的情况下，充裕的现金池也意味着更高的抗风险能力。

张小姐本身具有风险防范意识，也配置了保险。她的问题在于为了买房和装修，清空了自己的现金池，这等同于失去了财务基础，在背负债务的情况下，这种做法是非常危险的。因此，她现在需要在保证保险费不断缴、房

第五章
要想赚钱，先学会花钱

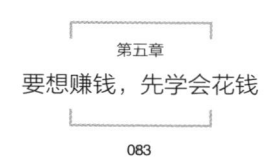

贷不逾期的情况下，先跟朋友商议能否适当延长还款期限。同时还要注意管理自己的现金池，尤其在有大额消费、负债时，更要适当提升现金池的额度，以备不时之需。

在某种程度上，现金池是我们财务安全感的来源。

通常情况下，我们可以在现金池内储备3~6个月的生活费，用于日常开销和紧急事件。当因买房、装修而背上负债时，我们可以将现金池进行扩充，在其中存放6~12个月的生活费，给自己更大的弹性空间。

5.3.2 分期付款分散经济压力

我们的生活中好像总是充满悖论。例如我们总会在资金匮乏时发现，又到了该缴纳房租、电话费的时间了。

相关经济数据显示，截至2021年年末，中国债务规模达336万亿元，按照全国人口14.13亿人来计算，平均每人负债23.78万元。如果剔除60岁以上的老人和14岁以下的儿童，人均负债则为37.50万元。

可见，几乎每个家庭都有一部分债务。虽然说"无债一身轻"，但事实上，有存款与有负债并不冲突，负债也并不是洪水猛兽，使用信贷产品是缓解现金流压力的一种手段，当月无法还清欠款的"实质负债人"少之又少。

我们全款购买一瓶矿泉水，并不会感觉到压力，但全款购买汽车，会使后续的资金周转变得困难。当我们面对这种大额开支时，可以选择分期付款的方式缓解现金流压力。即使会支出一定的利息，但相对于我们的现金流压力而言，这些利息就显得不值一提了。

现如今，人们喜欢将信贷产品作为支付工具，利用分期付款来缓解现金流压力的新支付方式，为我们的生活带来便利的同时，也带来了新的问题。如果频繁出现冲动消费与非必要消费，那么本来用于缓解现金流压力的负债消费就会失控，从而转变为我们的负担。

因此，我们要对被动消费更加警惕，避免被消费主义裹挟，要充分认识

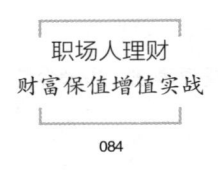

储蓄及理性消费的重要性。

5.3.3　明确每月房贷的还款额占收入的比例

现在，越来越多的人由于经济压力较大选择贷款买房。但要连续偿还贷款几十年，同样让他们感到痛苦，甚至有人思考是否应该提高每月的还款数额，以提前还清贷款。

在所有的银行贷款中，房贷是最优质的贷款。其利率低、金额高、期限长、还款方式灵活，并且除利率外都可以自行选择。另外，它对所有人平等，只要我们的资信和还款能力可以达到银行的要求，银行就会按同样的政策放贷。同时，虽然房价一直在波动，但房贷的还款额在申请贷款时就已经确定，不会随着物价的波动而变化。那么，我们应该如何确定每月的还款额呢？

这是一个很容易被我们忽略的问题。每月的还款额一旦超出我们的承受能力，不仅会让我们彻底沦为"房奴"，此后数年我们的生活质量也会受到极大的影响，甚至还会影响我们的职业发展。因为沉重的房贷会让我们避免一切额外开销，不敢轻易离职，甚至在面对业余进修、提升自我等问题时变得瞻前顾后。

王先生与妻子均是教师，为了尽早在大城市立足，他们便努力凑钱购买了一套房子，如今每月的还款额超过1万元。夫妻俩每月的工资不足2万元，既要偿还1万元的月供，也要偿还之前借亲戚朋友的钱，两人在巨大的经济压力下苦不堪言。

因此，我们在买房的过程中一定要懂得"三一定律"，即每月的还款额最好不超过家庭月总收入的1/3。

案例中，王先生的家庭月总收入不足2万元，那么他们的月供数额原则上不应超过7000元。但实际上，他们每月的房贷还款额远超7000元，超过了他们能够支撑的最大数额。因此房贷就成为巨大的压力，压得两人喘不过气来。如果根据"三一定律"来买房，他们在购房前就能对房子的价位有所

第五章
要想赚钱，先学会花钱

预估，从而减轻还贷压力。

每月的还款额高，不仅会严重影响生活质量，而且会降低我们对突发状况的应变能力。要想避免房贷成为生活的负担，我们就应早做谋划，按照"三一定律"分配每月收入。因为每月的还款额超过家庭月总收入的1/3，家庭的资产比例结构就会发生变化。这时，我们或许可以考虑延长贷款时间，或者选择较小或较远的房子。这样房贷和利息总量会变少，每月偿还的贷款额也可以维持在家庭月总收入的1/3左右。

房贷"三一定律"是评判贷款金额是否超出自身经济实力的一个标准。它实际上是一种预先防范的措施，我们可以用它来判断自己是否在透支未来的资金。这也意味着，在准备买房时，我们需要充分了解自己的家庭收入，同时也要对自己的未来发展有所规划。

在现代社会，贷款买房已经成为常态，但很多家庭在贷款时，总是很盲目。我们应该使用"三一定律"确定适宜的贷款额度，避免一味地追求高额贷款而给我们将来的生活带来巨大的负担。

第六章

时间就是金钱，向前看才能赚大钱

第六章
时间就是金钱，向前看才能赚大钱

时间是决定投资成功与否的重要因素。因此职场人要用发展的眼光看待投资项目，不要被短期的波动吓退，白白损失了本金。

6.1 为什么要长期投资

很多项目需要我们长期投资，这是因为市场是不断变化的，会上涨也会下跌，我们的收益可能会在一段时间内为负。但如果该项目收益长期都呈现上涨趋势，那么只要我们长期持有，就可以避免短期波动带来的损失。

6.1.1 被忽略的时间成本

我们在地铁上度过的时间，有没有可能以另一种更有意义的方式度过呢？换言之，我们知道如何计算其所涉及的成本和收益吗？

在日常交通中，时间和金钱就是成本，然而问题是，我们得到的收益能够明确吗？从表面上看，收益就是：更低的房租或房价，这样即使交通成本增加了，可我们还是能省下更多的金钱，用在生活的其他方面。然而这样想只能说明我们不仅低估了时间成本的重要性，还忽略了时间成本的隐蔽性。

在这个社会网络里，无论我们做什么，都需要花费时间成本去寻求社会资源。然而，不仅资源有限，而且资源的分布不均衡。这意味着，即便我们付出同样的成本，也不一定会得到相同的收益。

富人之所以越来越富，是因为他们看到了时间成本，愿意付出更多的金

钱来缩减自己的时间成本，他们把成本收益比算得很清楚。而我们职场人往往忽视了时间成本，对于成本收益比更是知之甚少。

6.1.2 赚快钱是糟糕的投资决定

在银行理财产品咨询专柜前，工作人员被问得最多的问题是：产品的预期收益率是多少？做投资决策前，很多人想的是多久就能收回本息。他们怀着一夜暴富的梦想，心浮气躁地在投资市场中游走，看到某个所投产品的投资回报率下降，就果断撤出资金，转投下一个收益率更高的项目。然而，一来二去，自己有限的资金越来越少，四处寻找投资机会，到处投资，最后反而每一项投资都没赚到钱。

现在已经有越来越多的人认识到了投资理财的重要性，并且随着关注的深入，职场人对市场上的投资理财产品也越来越敏锐，但是热情持续不了多久。因为他们总是希望自己的投资在接下来的一两个星期内就能有回报。如果希望落空，他们就会立即撤资。然而，投资回报需要一个等待的过程，如果缺乏耐心，那么就无法真正认识到着眼于长远收益的投资项目的优势所在。

在"保本理财"的概念风行于理财市场时，也衍生出了"保本投资"的说法。没有哪一个投资敢保证稳赚不赔，投资往往伴随着风险，那种既要保本又要寻求高收益的想法，在投资领域是不切实际的。把投资的收益交给时间一般不会错。

其实投资和减肥一样，成功的关键在于毅力而不是决心。大家都知道，减肥就是一个少吃多动的过程，可是，很少有人能在这一过程中坚持下来。

沃伦·巴菲特绝对是那个能够坚持"减肥"的人，因为他坚持做长期投资。为了投资冰雪皇后冰激凌，巴菲特经历了漫长的等待，因为冰雪皇后的价格一直过高。广为流传的说法是，在8岁的时候，巴菲特就想买入冰雪皇后了，不仅是因为他自己爱吃冰雪皇后，还因为他对冰雪皇后这个公司十分了解。可是他还是等了那么久。巴菲特认为，投资本来就是一个等待的过程，只要有价值，只要有长期的价值，那么等上多久又有什么关系。

总而言之，想要快速赚钱并没有错，但如果只想赚快钱，那么这无疑是一个糟糕的决定。想赚钱就要耐住性子，因为任何事情都遵循着自己的发展规律，投资赚钱也一样。

6.1.3 成功的投资者大都更有耐心

如果我们想要寻找一枚掉在地毯上的针，会怎么做？我们可以秉持着细致、严谨的作风，找来铅笔和直尺，把地毯划分成一个一个的小方格，然后，一格一格地寻找。这种方法虽然慢了一点，但是最后肯定能找到。此外，我们还可以用一块吸铁石，实行地毯式搜索。但是，大多数人会选择一上来就趴在地毯上拼命寻找，希望自己一下子就能找到。

当前大多数投资者就像无头苍蝇一样，总希望自己马上就能走运，大捞一笔，结果往往是什么也没捞着。耐心对于投资来说很重要，有耐心对于投资成功的作用几乎是决定性的。也许不同的投资大师有不同的投资秘诀，但是其中有一个成功的共同点，就是有耐心。

在一个长期的投资中，坚持自己的判断非常重要，但并不容易。他人的各种说法很容易左右投资者的决策，包括哪个项目好、哪个理财产品的收益又高又稳定，或者某个企业会壮大等。然而巴菲特说，他喜欢听到投资市场的坏消息，因为这就意味着低价购买好企业股票的最佳时机快要出现了。投资的精髓就在于等待，要坚持长期投资某一个好的项目。那些根据市场行情频繁转投其他项目的职场人，实际上恰恰被"市场先生"（市场行情的极端变化）愚弄了。

正如在我们的日常生活中，无论是买米、买菜，还是购房、购车，谁都喜欢以更低的价格买入一件相同的产品。所谓货比三家，关注质量的同时，价格绝对是一大考量因素。因此才有那么多打折产品的火爆销售。那么，为什么到了投资时，我们却要对那些打折的优质投资项目避之不及呢？

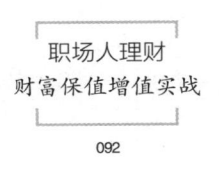

现在，有相当一部分产品的价值严重被低估，看起来似乎要被市场抛弃了。尽管市场主体都知道这些投资项目的价值，但投资者们似乎已经习惯了"市场先生"的某些盲目和不合理行为。其实，只要耐心等待，那些优质投资项目的价值迟早会回归；而对于那些暂时风生水起的投资项目，投资者一定要保持谨慎，警惕大起大落的可能性。

击败市场的唯一方法就是耐心等待，等待投资项目价值的回归。当然，最核心的还是确定该公司的价值是否被低估，以及在未来是否有继续成长的空间。如果这些是确定的，带来回报只是时间问题。

6.2 复利：时间的魔法

复利就是人们常说的利滚利，利息与本金加在一起，生出新的利息。复利就像滚雪球一样，随着时间的推移，收益会越积越多。

6.2.1 什么是复利

在投资理财中有一个非常重要的概念，就是"复利"。

复利是指在计算利息时，每一计息周期的利息是由本金加上先前周期所积累的利息总额来计算的计息方式。

复利计算的特点是：把上期期末的本利和，作为下一期的本金，在计算时每一期本金的数额是不同的。复利的计算公式如图 6-1 所示。

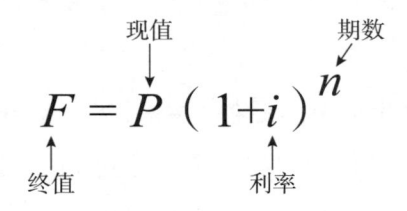

$$F = P(1+i)^n$$

其中，F 为终值，P 为现值，i 为利率，n 为期数。

图 6-1 复利的计算公式

第六章
时间就是金钱，向前看才能赚大钱

代入投资领域：F 为终值，即最终投资收益；P 为现值，即初始投资金额；i 为利率，即每一个投资期获得的投资收益率；n 为期数，即投资期限数。

通胀率和利率密切关联，就像一个硬币的正反两面，所以复利终值的计算公式也可以用以计算某一特定资金在不同年份的实际价值，只需将公式中的利率换成通胀率即可。

复利是指将投资收益重新投入本金中，继续生息。长期坚持下来，看似不起眼的利息会积累巨大的收益。在整个投资进程中，对结果影响非常大的一个因素就是时间的长短，复利在投资前期并不起眼，在投资后期才更有威力，如图6-2所示。所以投资起步越早越好，初始资金我们很难改变，但在投资期限方面，我们可以选择早点开始。在投资的过程中，我们要有耐心，不能仅仅着眼于当下的收益，而要观测长远的发展可能。

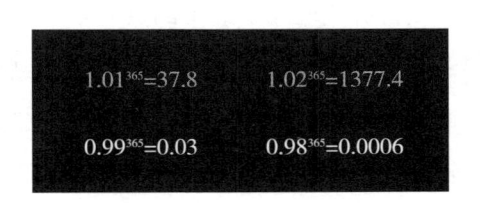

$$1.01^{365}=37.8 \quad 1.02^{365}=1377.4$$
$$0.99^{365}=0.03 \quad 0.98^{365}=0.0006$$

图6-2　复利积累的力量

复利投资就像滚雪球，越滚越大。但就像查理·芒格所说的：既要理解复利的重要性，也要理解复利的艰难性。滚雪球看起来简单，但首先你要找到适度的雪以及足够长的坡道。

复利公式只是一个理想公式，实际情况中，我们难以拥有一笔足够多的并且可以坚持一直不动用的资金，也难以找到持续稳定不出意外的投资项目，更难以将时间战线拉得足够长。因此，除了单一的金钱投资，我们也应当不断充实自己，获得经验和知识的积累，从而不仅获得钱的复利，还获得知识的复利，为自己不断增值、开拓更大的发展空间打好基础。

6.2.2 复利越高越好吗

既然复利如此重要,那是否意味着复利越高越好呢?答案是否定的。复利过高,很可能是一个陷阱。

在一个有限的世界里,高增长率必定走向自我毁灭。如果增长的基数小,那么在一段时间内这条定律不一定奏效。但如果基数很大,那么结局是:高增长率最终会摧毁它自己的支撑点。

美国天文学家塞根在谈及每15分钟分裂一次繁殖的细菌时,已经很有趣地形容了这一现象。塞根说:"这意味着每小时翻4番,每天翻96番。"尽管一个细菌的重量仅约有1克的一万亿分之一,然而经过一天疯狂地繁殖后,它们的后裔将像一座大山那样重。但是,总有某种障碍会阻止这种指数式的增长。

证券市场的发展历史告诉我们,最杰出的复利增长者——沃伦·巴菲特,也只维持了24%的年投资报酬率,而大部分人根本达不到这样的水平。

千万不要梦想着通过短期暴利来加速复利的增长,这是谁也无法做到的,能保证长期增长的、较高的复利就已经是相当成功的投资了。

下篇

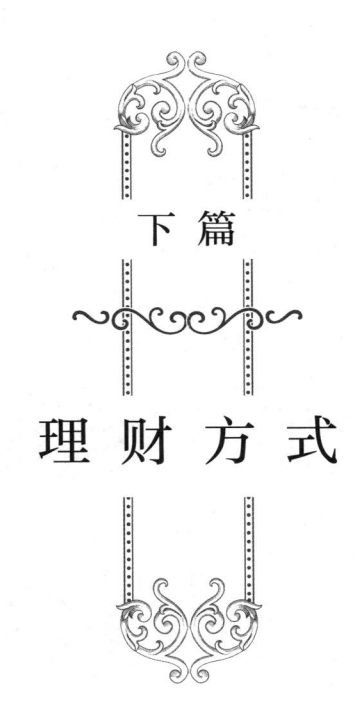

理财方式

第七章

储蓄理财：从储蓄开始，掘出第一桶金

第七章
储蓄理财：从储蓄开始，掘出第一桶金

储蓄是最基础的理财方式，即使在理财形式多样的今天，储蓄依然受到很多人的欢迎。或许储蓄未必能帮助我们成为富翁，但不储蓄一定成不了富翁。许多人忽视了储蓄在投资中的重要性，错误地认为只要做好投资就行，储蓄并不重要。事实上，储蓄是投资之本，个人存款是理财的"长生剑"。

7.1 学理财先学会储蓄

任何人学习理财都要先学会储蓄，它是一种几乎没有风险的理财方法。合理的储蓄习惯可以帮助我们优化支出行为，积累原始资本。

7.1.1 储蓄的目的是积累原始资金

财富的原始积累是一个重要的起步阶段。富人在积累原始财富的时候，得到生存创业的资本、获得实用的知识、熟悉社会现存资源、培养自己的沟通能力，为实现创富打下了坚实的基础。在原始积累阶段，勤劳与智慧是必备的资本。只有利用智慧和辛劳实现资本的原始积累，才能以此获得进入创业投资大门的资格和资本。

从资本主义的发展史来看，原始积累是资本主义生产方式的前提和起点，而辛勤、努力地赚钱是理财的基础条件和前提。

想要通过投资理财获得财富，就必须在原始积累阶段努力挣钱。原始积累需要勤劳和智慧，只有这样才能迅速积累资本，度过原始积累阶段，尽快

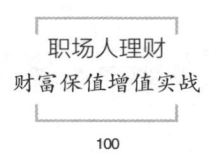

实现自己的创富规划。

财富就好比木桶里的水。收入是木桶的进水口，支出是木桶的出水口。如果长期都处于进多少水、出多少水的情况，这个木桶永远都不会装满。其实，这个木桶原理就映射了当代年轻人的财务状态，赚一块花一块，甚至赚一块花两块，靠花呗、借呗和信用卡续命，养成了借贷透支的习惯。如果年轻人的资金储蓄长期处于这种情况，就难以形成自己的初始资金积累。没有初始资金的积累，年轻人的资金储蓄状况只会越来越糟糕。

因此，对于很多年轻人来说，理财的第一步不是想着怎么去投资，而是先树立财富积累的意识。改变消费行为和习惯对于年轻人来说至关重要。简单来说，年轻人需要先将钱攒下来，用自己积累的原始资金去支持你的投资，进而创造更多的财富和价值。

7.1.2　储蓄倒逼优化支出行为

在进行资产储蓄的过程中，在潜意识里对自己的每一项支出的价值做出判断，这样可以使我们减少许多不必要的开支。同时，当有了一定的储蓄后，我们也会对储蓄资金的使用场景有所畅想、期待，这也可以引导我们将资金用于更有意义的事情上。

进行财富原始积累的大部分是年轻人，那么这部分人群应该怎样规划储蓄与支出行为呢？

对于大多数人来说，离开学校意味着步入社会。初入社会时，一切都是新的起点，收入不高，自然增长的后劲不足，日常积累资金的能力相对薄弱，但年轻就是资本，这一阶段是个人财富的原始积累阶段。在这一阶段，我们没有家庭负担，消费观念相对随意，也没有做好职业规划，危机感较弱，因此会缺乏积蓄意识和迫切感。此时，理财规划的主要目的是增加资金的原始积累、拓宽收入来源等。

首先，积极进取，努力提高自己的投资理财能力。年轻人应当积极进取，努力学习并掌握多种投资工具，可以涉及实业投资、资本运作等领域。在入门阶段，涉及的投资领域不能太少，但也不宜过于宽泛。可以分两个阶段，从低、中风险投资组合入手开始投资。在第一个阶段，存款、债券、基金按4∶3∶3的比例进行组合运作；在第二个阶段，开始增加一些风险品种，如股票、投资型保险、实业经营等风险较高的投资项目。

其次，量力而行，适量购买商业保险。在收入水平偏低、难以支付相对昂贵的商业保险时，我们应该有目的地挑选保险，控制保险数量，同时要对所购保险实行动态管理。例如，初期每年应缴保费额度控制在5000元左右。随着收入水平提高、家庭结构变化、年龄增长等，想要增加投入以取得更大的保障或投资回报时，可以考虑增加保险品种和提高缴费额度。

最后，注重提升自身价值。从理财规划的角度看，在人的一生中，20岁至30岁时具有很强的增值潜力。因此，在这一阶段，我们关注的重点应放在继续深造、转变角色、提高层次上，逐步提升自我价值和投资能力，从而提高薪酬水平和投资收益。

7.2　如何进行储蓄

很多人觉得银行储蓄的利率太低，所以不肯花心思在储蓄上。但其实，用心做好储蓄规划可以获得非常可观的收益。

7.2.1　常见的储蓄种类

根据《储蓄管理条例》以及近几年来银行储蓄业务的发展可知，我国银行已开办的储蓄种类丰富多样，有活期储蓄、定活两便储蓄、整存整取定期储蓄、零存整取定期储蓄、存本取息定期储蓄、华侨（人民币）定期储蓄以及活期储蓄等，如图7-1所示。

接下来介绍几种最为常见的储蓄种类：

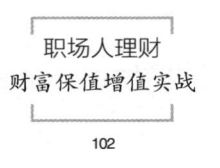

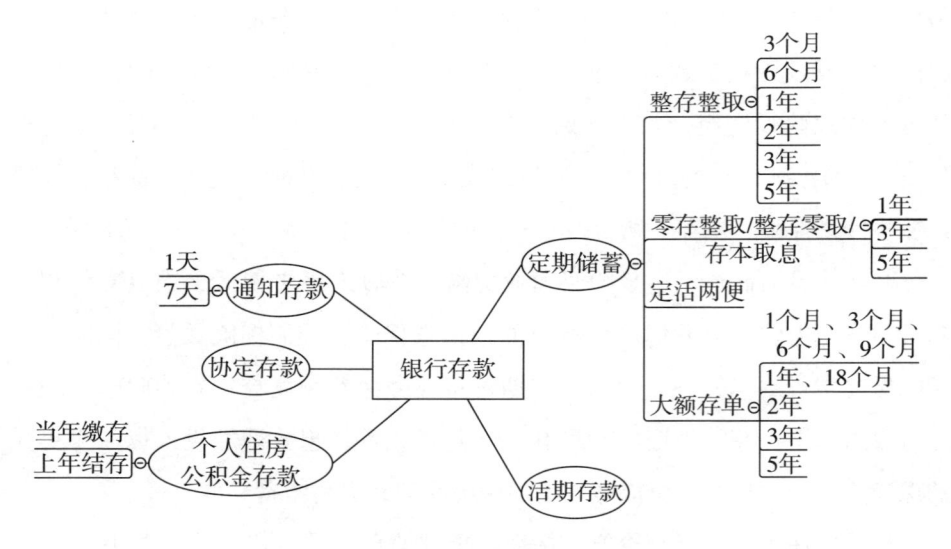

```
                                       ┌─ 3个月
                                       ├─ 6个月
                              ┌ 整存整取 ┼─ 1年
                              │        ├─ 2年
                              │        ├─ 3年
                              │        └─ 5年
                              │                    ┌─ 1年
        1天 ┐                 ├ 零存整取/整存零取/   ┼─ 3年
        7天 ┼ 通知存款          存本取息             └─ 5年
                    ┌ 定期储蓄 ┤
                    │         ├ 定活两便
            协定存款 ┤         │          ┌ 1个月、3个月、
                    银行存款   │          │  6个月、9个月
                    │         └ 大额存单 ┼─ 1年、18个月
  当年缴存 ┐         │                    ├─ 2年
  上年结存 ┼ 个人住房 ┤                    ├─ 3年
            公积金存款│                    └─ 5年
                    │
                    └ 活期存款
```

图 7-1 常见的储蓄种类

1. 活期储蓄

活期储蓄指不规定具体期限，可以随时存取现金的一种储蓄。活期储蓄以 1 元为起存点，不设上限，每季度结算一次利息。

2. 定期储蓄

定期储蓄指存款人同银行约定存款期限，到期支取本金和利息的储蓄形式。这种储蓄形式能够为银行提供稳定的信贷资金来源，其利率高于活期储蓄的利率。

定期储蓄这一大类下有以下 6 个小类。

（1）整存整取。整存整取是指在开户时就确定存期，储户将存款整笔存入，到期后一次取出本息。整存整取的门槛为 50 元，并且在存期内只能进行一次提前支取，且只能支取一部分，而该部分将按照支取当天的活期存款利率计息，剩余部分的计息按照存入时的约定利率计算，利随本清。整存整取的人民币存期分为 3 个月、6 个月、1 年、2 年、3 年、5 年这 6 个档次，到期之后，储户可以选择续存或取出。

第七章
储蓄理财：从储蓄开始，掘出第一桶金

（2）零存整取。零存整取指的是储户在银行开户时就约定了存期、每期存款金额，到期后一次支取本息。零存整取的开户手续与活期相同，一般5元起存，1月1次，如有漏存则在次月补齐。存期分为1年、3年、5年3个档次，利息按开户日的挂牌零存整取利率计算。

（3）整存零取。整存零取是指储户在开户时约定存期，将本金一次存入，按照固定期限分次支取本金。整存零取的门槛是1000元，支取期分为1个月、3个月和6个月，利息按照存款开户日挂牌整存零取利率计算，存期分为1年、3年、5年3个档次。

（4）存本取息。存本取息是储户在开户时约定了存期，将本金一次存入，按照固定期限分次支取利息。存本取息的门槛一般为5000元，储户可在1个月或几个月支取一次利息，也可以在开户时约定好的限额内支取金额。存本取息的利息按存款开户日存本取息利率计算，存期分为1年、3年、5年3个档次。

（5）定活两便。定活两便，顾名思义，储户在开户时不需要约定存期，银行只需要根据实际存期按规定计息即可，储户可以随时支取存款。定活两便50元起存，存期不满3个月，利息按支取日挂牌活期利率计算；存期3个月以上（含3个月）至6个月的，利息按支取日挂牌定期整存整取3个月存款利率的60%计算；存期6个月以上（含6个月）至1年的，利息按支取日定期整存整取半年期存款利率的60%计算；存期1年以上（含1年）的，无论存期多长，整个存期一律按支取日定期整存整取1年期存款利率的60%计息。

（6）大额存单。大额存单是银行面向个人、金融机构等对象发放的大额存款凭证。大额存单到期之前可以转让，期限为7天。大额存单的起存点较高，个人起存金额不低于30万元，机构起存金额则不低于1000万元，因此，大额存单的利率也较高。大额存单的存期分为9种，分别是1个月、3个月、6个月、9个月、1年、18个月、2年、3年和5年，投资者可根据个人情况进行选择。

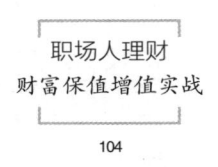

3. 通知存款

通知存款是指储户在存款时不约定期限，支取之前和银行约定支取日期和金额的一种存款方式。通知存款的起存金额为5万元。个人通知存款要一次性存入，可一次支取，也可分次支取。通知存款的种类有一天通知存款和七天通知存款两种。

4. 协定存款

协定存款是银行为一些具有特殊性质的资金开办的存期较长、金额较大，利率、期限等需双方协商的一种存款业务，例如保险资金、社保资金等。

5. 个人住房公积金存款

个人住房公积金存款是企业和员工对等缴存的长期住房储蓄，具有专用性和积累性，一般是当年缴存，上年结存。

7.2.2 巧用储蓄技巧实现收益最大化

广为使用的"阶梯式"储蓄是一种分开储蓄的理财方法，操作方式是将总储蓄资金分成多份，分别存成不同期限的定期存款。

假设我们现在有6万元，分成3份，金额分别为1万元、2万元和3万元。这3份资金我们分别存成1年、2年、3年的定期存款。当1年期的存款到期后，转存成3年期的定期存款。2年期的存款到期后同样转存成3年期的定期存款。这样2年以后，3份资金都是3年期的定期存款。而实际上，资金到期时间并不相同。

这样既提高了资金的流动性，又能拿到3年期的定期存款利息，这就是"阶梯式"储蓄法。这种方式不仅不会造成利息损失，还能在转存后享受新的利率政策。

除了"阶梯式"储蓄法，还有以下较为常见的储蓄技巧：

1. 活改通储蓄法

这种方法就是将银行卡中的活期存款改为通知存款，只要在需要用钱时提前和银行约定提取的时间和金额便可，既方便、快捷，又可以获得比活期存款高的利息收入。

2. 12张存单储蓄法

每月将工资收入的10%～15%存为1年期的定期存款，那么1年下来，我们就会有12张1年期的定期存款单。从第2年起，每个月都会有1张存单到期，如果急用就可以使用，也不会损失存款利息；如果不急用，这些存单可以自动续存。而且从第2年起，我们可以把每月要存的钱添加到当月到期的这张存单中，重新获得一张存款单，继续滚动存款。

3. 金字塔存钱法

金字塔存钱法是指将一笔资金由少到多分成几份，分别存为银行定期。例如我们现在有20万元资金需要储蓄，就可将其分成2万元、4万元、6万元、8万元4份，分别存1年银行定期。这样做的目的在于，万一有急事需要用一两万元，那只要把其中2万元的这张存单提前取出即可，另外3张存单存款的利息不受影响。

4. 分批存钱法

分批存钱法是指在银行开设一个零存整取户头，每个月从工资中拿出少量固定的金额存入账户中。这个方法适用于自制力较差、没有存款的人，这类人可以通过此方式积少成多。

5. 组合式存款法

组合式存款法是一种将存本取息和零存整取相结合的储蓄方法，又称利滚利储蓄法。这种方法是将一笔存款的利息取出来，以零存整取的方式储蓄，让利息再生利息。假如我们现在有3万元，可以先把它存成存本取息储蓄。1个月后，取出该笔储蓄的第1个月的利息，再用它开个零存整取储蓄账户。以后每月把利息取出后，都存到这个零存整取储蓄账户上。这种储蓄法在保证了本金产生利息的基础上，又能让利息再产生利息，让储户的每一分钱都充分滚动起来，使其收益最大化。只要长期坚持，这种储蓄方法也能带来较

为丰厚的回报。

6. 短期自动转存法

如果你现在有一笔闲置资金,在短期内未必会用到,但又不确定将来什么时候会用,那就可以选择短期自动转存的方式进行储蓄。假如我们现在有5万元资金办理了短期自动转存业务,先在银行存3个月定期,以基准利率1.1%来计算,那么3个月后我们就可以获得利息137.5元。如果3个月后这笔钱用不到,银行将自动帮我们连本带利进行转存,这也是一种利滚利的存款方式。

巧用各种储蓄技巧可以帮助我们实现收益最大化。

7.2.3 储蓄保险:稳妥的生存保险

储蓄保险是指以储蓄为重点的生存保险。它可以覆盖到下一代,例如为子女筹集各类费用或资金等。当保险期满后,被保险人就拥有了一份终身保障。

需要注意的是,虽然储蓄保险与存款保险名字相似,但二者实际上并不等同。储蓄保险是一种理财方式,而存款保险是一种制度。存款保险是为了避免银行破产时出现挤兑现象,不能支付存款人的存款时,投保银行可以从保险机构获取资金援助,保护存款人的利益。

用户购买储蓄保险需要遵循以下几项原则:

(1) 保险公司会为被保险人支付一笔体检费用,被投保用户需要前往指定机构体检。如果用户身体有重大疾病,则无法购买储蓄保险。越健康、越年轻的用户就会拥有越高的返款利率。

(2) 如实填写申请表,不得隐瞒真实情况,否则会影响事后的赔款支付。

(3) 必须按期交付存款,一旦超过30天的缓交期,保险就会失效。如果在2年内补回保险金和利息则可以恢复保险。

(4) 被保险人不得出现自杀行为。一旦自杀,则保险作废。

（5）如果提前取消保险，大部分产品几乎无法在前几年返回现金，即使返回金额也远低于存款金额。

那么储蓄保险是如何进行赔付的呢？下面以泰康金满仓两全保险（分红型）产品和平安金玉满堂万能型两全保险为例进行具体讲述。

泰康的这款储蓄保险产品 500 元起购，适合绝大多数普通家庭。并且它有 4 倍的意外身故保障金赔付，如果被保险人因意外不幸去世，泰康会对保险受益人进行赔付。

平安的这款储蓄保险产品 1 万元起购，相较泰康的产品，购买门槛更高一些。但是它的优势是 3~65 岁的人都可以购买，一直保障到 70 周岁。而且如果在 50 周岁时缴费满 5 年，就可以转换为年金领取，与退休金性质类似。它的普通意外身故保障金按 2 倍赔付，如果是交通意外则按 3 倍赔付。平安的这款储蓄保险年利率为 1.75%，并不高，但是较为稳妥。

各家保险公司的储蓄保险赔付制度各有优劣，我们在购买时要考虑清楚被保险人的身份、年龄、健康状况等，选择最合适的产品。我们不要盲目地选择高利率、高赔付的产品，这样的产品往往要求更多、条款更苛刻。

7.2.4　银行理财产品：稳中求进

除了在保险公司购买储蓄保险，还可以在银行购买理财产品，一般银行的理财产品更令人放心。2022 年 4 月 24 日，我国银行业理财登记托管中心发布了 2022 年第一季度的银行理财市场简况。相关数据显示，仅在 2022 年第一季度，银行理财市场就新增了 7717 只理财产品，新增了 558 万名投资者。这些理财产品累计为投资者创造了 2000 多亿元的收益。

但是相关人士透露，2022 年是净值化转型元年，收益率波动导致很多净值型理财产品并没有取得预期的增长。不过好消息是，截至 6 月 30 日，理财产品破净潮已经回落，破净率较上一季度大幅降低。

面对净值化转型的趋势，银行必须提高自己的资产配置和风险管控能力。

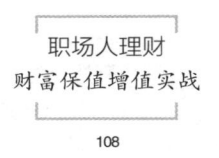

以交通银行为例，交通银行理财固定收益部的负责人表示，截至2022年，交通银行的理财资管子公司成立已有3年，在2021年年底之前形势一片向好，无论是纯债还是"固收+"产品都使大部分投资者感到满意。但是到了2022年3月，形势急转直下，股债双杀，伴随权益市场的大幅下跌，令不少投资者感到焦急。

对此，该负责人表示，投资者无须感到惊慌，银行理财产品以固定收益类为主，受到市场影响波动较大的混合类、权益类等理财产品占比非常小。"固收+"理财产品更加重视风控和流动性管理，一般所购买的为高等级信用债。交通银行也将深入考虑不同等级投资者的资产性质，细分理财产品，严格控制风险因子，为投资者打造稳定的理财环境。

同时，为了满足部分投资者高收益的理财需求，一些银行也开始逐渐提高权益性理财产品的占比，但是这需要政策、监管等措施同步跟上，因此这些理财产品的发展完善还需要一定的时间。

此外，近几年受新冠肺炎疫情的影响，很多投资者减轻了投资力度。相比于高利润但高风险的理财产品，他们更青睐有国家背书的大型银行所发布的理财产品。在"固收+"类理财产品之外，权益性理财产品更适合经验丰富的投资人。多家银行已启动自购计划，运用自有资金购买自家旗下的理财产品，这在稳定市场环境的同时也稳定了投资者的心态。

7.2.5 存款保险

我国《存款保险条例》于2015年2月17日正式公布，自2015年5月1日起正式施行。

《存款保险条例》有利于建立和规范存款保险制度，为保护存款人的权益提供法律依据，同时能够防范可能存在的金融风险并及时化解，维护金融投资领域的稳定发展。

《存款保险条例》第三条规定："本条例所称存款保险，是指投保机构向

第七章
储蓄理财：从储蓄开始，掘出第一桶金

存款保险基金管理机构交纳保费，形成存款保险基金，存款保险基金管理机构依照本条例的规定向存款人偿付被保险存款，并采取必要措施维护存款以及存款保险基金安全的制度。"

《存款保险条例》第五条规定："存款保险实行限额偿付，最高偿付限额为人民币50万元。中国人民银行会同国务院有关部门可以根据经济发展、存款结构变化、金融风险状况等因素调整最高偿付限额，报国务院批准后公布执行。同一存款人在同一家投保机构所有被保险存款账户的存款本金和利息合并计算的资金数额在最高偿付限额以内的，实行全额偿付；超出最高偿付限额的部分，依法从投保机构清算财产中受偿。存款保险基金管理机构偿付存款人的被保险存款后，即在偿付金额范围内取得该存款人对投保机构相同清偿顺序的债权。社会保险基金、住房公积金存款的偿付办法由中国人民银行会同国务院有关部门另行制定，报国务院批准。"

第八章

信用卡理财：合理使用信用卡，走出负债泥潭

第八章
信用卡理财：合理使用信用卡，走出负债泥潭

随着超前消费理念被大众广泛接受，使用信用卡的人也越来越多。信用卡可以用来还贷、消费，同时还可以用来理财，提升我们手中资金的流动性。

8.1 你了解信用卡吗

随着电子支付的兴起，许多人开通了花呗、京东白条等消费信贷服务。它们拥有和信用卡一样的功能，而且申请快、通过率高，并且嵌在支付宝等第三方支付平台中，使用方便，所以很多人认为信用卡可能会逐渐退出历史舞台。然而，事实并非如此，信用卡有着独特的优势，例如使用范围广、额度上限高、可提现等，这是花呗等产品所没有的优点。

8.1.1 信用卡有更广泛的使用范围

在当今生活中，各行各业日益电子化、无纸化，现金支付已不再是主流的支付方式了，支付宝、微信、京东等第三方平台因支付便捷而迅速兴起，被越来越多的人接受。

但实际上，信用卡的优势比这些第三方支付平台都显著得多。在国内，第三方支付平台广泛普及，我们或许对信用卡的覆盖面没有具体的感受。只要是有移动网络的地方，基本上支持第三方平台支付，很少有人使用信用卡支付。但是目前，几乎每家银行的信用卡都可以与支付宝、微信等软件绑定，大多数支持花呗支付的店铺，同样也支持信用卡支付。

但在国外，信用卡与第三方支付平台的覆盖面差距就十分明显了。目前，第三方支付平台只覆盖了较大城市的机场免税店、大型购物中心、大型连锁店等特定的场合，覆盖面远远小于信用卡。无论是国际大都市，还是某个小国家，只要能看到银联的标志，就支持信用卡支付。在国外，我们对当地的货币并不熟悉，如果使用现金付款，无论是在当地银行还是本国银行进行货币的兑换，都难免会遇到各种问题。信用卡则完美解决了这些问题，费用直接从信用卡中扣除，免除了计算汇率、兑换货币等一系列可能出现的麻烦。

8.1.2 信用额度上限高，可提现

当我们需要进行大额支付时，就可以使用信用卡的分期还款功能；当我们急需资金时，信用卡能够给我们提供一笔资金，以帮助我们应对突发情况。当我们的资金周转不开时，为了避免还款逾期，我们可以使用信用卡延期功能，选择分期还款或最低还款来解决燃眉之急，这样也不会影响信用卡后续的使用。

信用卡分期还款，即持卡人分期向银行还款并支付手续费。各银行的手续费不同，不同分期数的手续费也不一样。分期数越多，银行收取的手续费总额也会越高，相应地，我们每个月的还款压力也会越小。例如张先生在某银行分期借款 12 万元，在不计算手续费的情况下，分期为 3 个月时，张先生每个月应还款 4 万元；分期为 12 个月时，张先生每个月应还款 1 万元。张先生可以根据自己的资金情况选择适合自己的还款期限。

信用卡最低还款，即如果持卡人在每个月的还款日或还款日之前无法偿还全部款项，那么就可以按照最低还款额还款，同时，不再享受免息待遇。例如，张先生本月应该偿还 1 万元，选择最低还款后只需偿还 1000 元，同时不会产生逾期的问题。但是其余未还款项会收取利息，还款时间越长，收取的利息也就越多。

我们在还款时，在金额较小或预计还款时间较短的情况下，可以选择信

第八章
信用卡理财：合理使用信用卡，走出负债泥潭

用卡最低还款的方式，在短期内快速还清。在金额较大，且预计还款时间较长的情况下，可以选择信用卡分期还款，之后逐月还清。

根据额度等级，信用卡可分为普卡、金卡、白金卡、钻石卡、黑卡等。相较于花呗、借呗，信用卡更能够在我们遇到资金问题时给我们提供帮助。

此外，在信用卡的额度中，存在可以提现的部分。或许信用卡的这个功能在我们的日常生活中用处不大，但当我们外出旅游、出差，尤其是身在境外时，这个提现功能可以解决我们的燃眉之急。但是有很多人利用这一功能实施犯罪行为。例如张某在 2019 年申领了一张信用卡，并且一直使用这张信用卡透支消费。2020 年 11 月，张某用完信用卡的全部额度后将卡丢掉了。他认为只要不再使用信用卡消费，银行便没有途径要求他还款。但是在银行报案后，张某被抓捕归案，张某最终因无力缴纳本息、滞纳金等费用，被判处有期徒刑 1 年并处罚金 2 万元。因此，信用卡持卡人应合理使用信用卡，避免过度透支，更不要违规套现或者办理多张信用卡"以卡养卡"。如果透支了信用卡，持卡人一定要及时偿还透支的金额，避免对个人征信产生负面影响。

8.1.3　信用积累的关键是什么

近几年，中国的征信体系越来越健全。我们无论想要申请信用卡，还是申请贷款，都离不开征信。个人征信既是我们在金融领域的名片，也是我们的个人信用数据。在信用卡支付方式下，征信系统会将所有信息记录入库，判断一个人的信誉也变得更加容易。

我们的信用卡还款情况，就是我们的信用记录。良好的还款记录有助于金融机构评估我们的信用等级。当信用卡通过审核后，无论在哪家银行申请贷款，借贷成功的概率都会提高，这也是信用卡对我们生活最重要的影响。

那么，究竟什么是个人征信？简单来说，个人征信就是专业的金融机构对个人的信用记录进行收集、分析、整理后得到的结果，它能直观地体现个人的信用情况。

无论金额大小，只要涉及贷款，银行都要先审核申请人的征信是否合格。如果申请人从来没有使用过信用卡，那么他的征信记录很可能是空白的，贷款申请等业务会受到一定的限制。但是，如果他拥有一张经常使用且从未逾期还款的大额信用卡，则更容易得到银行的信任，获得贷款的可能性也会高很多。

实际上，决定申请信用卡、提额、贷款的征信因素并不多，通常为是否有逾期记录、信用卡数量、总体负债、网贷情况、征信被查询的次数等。

那么，我们应该如何利用信用卡优化个人征信呢？

1. 不要频繁申请提额

频繁地申请提额会在征信上留下查询记录，同时也间接说明我们目前资金紧张。想要提额，我们可以先保持良好的还款记录，等待银行主动提额，无须自己在网银后台频繁申请。

2. 信用卡使用良好

信用卡使用良好意味着不能长期空卡、不能频繁分期、不能恶意套现，理解并遵守信用卡的所有使用规则了。

3. 控制信用卡数量

我们不必申请很多张信用卡，最理想的状态是额度大、张数少。贷款也是如此。在这种情况下，征信报告中只有几张信用卡和几笔大额的贷款，对于我们后期申请信用卡、贷款会更有利。

总之，张数少且额度大的信用卡使用情况对提升个人征信更有利。如果我们已经办理了多张信用卡，就要尽早进行销卡处理，减少持有的信用卡数量。

8.2 你会"薅羊毛"吗

"薅羊毛"是网络用语，指的是人们关注银行等金融机构以及各类商家推

第八章
信用卡理财：合理使用信用卡，走出负债泥潭

出的优惠活动，以此来获得优惠或金钱上的回报。其中，信用卡"薅羊毛"的行为屡见不鲜。

8.2.1 如何计算超长免息期

信用卡都有还款免息期，这是银行给客户提供的延迟还款的优惠，即银行针对非现金交易，给予客户在记账日与还款日期间无须缴纳利息的优惠。

延长免息期既可减轻我们的还款压力，又能提升资金灵活度。若资金不足，免息期长意味着更长的资金周转时间，可以减轻我们的资金使用压力；若资金充足，则可以利用免息期进行投资理财，最多可以获得 50 天的投资收益。

免息期与账单日、还款日息息相关。账单日即银行发布对账单的日期，还款日即要求还款的最后期限。如果我们在账单日后一天进行消费，这笔消费就会计入下一期账单，两个免息期叠加起来，就会长达 50 天。

例如，李先生拥有两张信用卡，卡 A 的账单日是 8 日，还款日是 28 日，卡 B 的账单日是每月 17 日，还款日是次月 7 日。2022 年 5 月 5 日，李先生决定购买某件贵重商品，他可以通过挑选信用卡或延迟消费的方式，充分享受银行的最长免息期。如果李先生用卡 A 消费，那么 5 月 8 日就会被计入账单，5 月 28 日就要还款。此时，李先生只能享受 23 天的免息期。而卡 B 的账单日是 17 日，那么在 5 月 5 日刷卡消费，5 月 17 日被计入账单，6 月 7 日到期还款。因此他享受的免息期就是 32 天。

如果他一定要在 5 月 5 日购买，选择卡 B 支付最佳。当然，李先生也可以选择延迟消费，将购买日期推迟至 5 月 9 日。在 5 月 9 日使用卡 A 消费直到 6 月 8 日才会被计入账单，还款日则为 6 月 28 日，这样就能享受到 50 天的免息期。

可见，有计划地选用信用卡能使我们享受超长免息期。通常情况下，办理 3 张账单日分别在上旬、中旬、下旬的信用卡较为合适。这样我们消费时

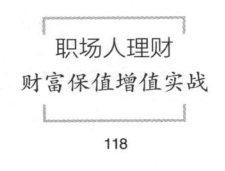

总能找到一张合适的信用卡，享受最长的免息期。

所有银行都支持自行设定信用卡账单日，但每家银行的要求不同，比如1年仅支持修改一次或两次，或者从指定的几个时间中选择。账单日修改途径如图8-1所示。

图8-1 账单日修改途径

8.2.2 附加权益如何物尽其用

成功办理信用卡后，我们便会享有这张信用卡提供的各种服务。不同银行的信用卡种类不同，但总体来说，信用卡有以下几个等级：普卡、金卡、白金卡、钻石卡、黑卡。对于不同等级的信用卡，持卡人所需要支付的年费也不同。理论上，持卡人支付的信用卡年费越多，所获得的权益也就越多。

如今，各家银行一般都跟商家有合作，例如，使用信用卡消费即可获得满减或返现、在指定商家消费即可享受5折至8折优惠，甚至还有消费抽奖或者赠送礼品等活动。这些活动在各行App中均有介绍。另外，每家银行都设置了积分兑换系统，消费满一定金额即可在各行App内换取心仪的物品。这些信用卡权益在一定程度上降低了我们的生活成本。

信用卡权益主要分为以下几个方面：

1. 自身附带的权益

为了推广信用卡，银行会在开卡时附送许多权益。例如，赠送行李箱、年度免费保险、免费体检、机场免费停车、生日当天消费获10倍积分等权

第八章
信用卡理财：合理使用信用卡，走出负债泥潭

益。一些银行还会赠送持卡人航班延误险，例如，航班延误 2 小时可以获得平安银行最高赔付 6000 元。

2. 活动获取的权益（以具体活动为准）

各家银行为抢占信用卡市场，经常推出各种优惠活动，如交通银行的周周刷信用卡活动，我们从中可以获取卡券和实物两种权益。卡券主要包括流量券、星巴克优惠券、沃尔玛代金券等；实物则包括锅、餐具、背包、旅行箱等。如果我们不需要这些东西，可以选择将其卖掉变现。

银行还会推出不同类别的信用卡，例如，我们可以使用车主卡享受加油折扣、使用超市卡利用积分兑换购物优惠、使用里程卡兑换机票、使用多倍积分卡快速积累积分，部分特色卡还会直接返钱。

3. 积分

每家银行都有自己的信用卡积分系统，当我们使用信用卡进行消费时，都会获得相应的积分。积分可以直接用来兑换礼品，包括卡券和实物礼品。其中，最值得兑换的就是里程。多家航空公司与各银行合作，支持使用信用卡积分兑换航空里程。

4. 利用免息期投资理财

我们可以充分利用信用卡的免息期，使用信用卡消费，同时将自己的钱用于投资理财。

可以说，信用卡的权益无处不在。由于大多数的信用卡权益不限于本人使用，同时多为二维码或者短信验证码，信用卡权益的变现也变得十分简单。如果我们获得的权益自己暂时不需要，而此时又刚好有其他人想要，信用卡的权益也就有了市场，可以直接用来换取收益。

希望我们都能充分利用信用卡的优势，更好地使用这个工具进行理财。

8.2.3 信用卡还款有技巧

信用卡先消费、再还款的特性可以帮助我们缓解经济压力、更灵活地运

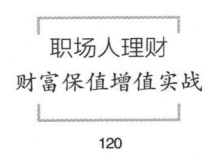

用资金。但在还款日时，我们难免会遇到资金不足的情况，此时无论是使用分期还款支付手续费，还是选择偿还最低还款额度、缴纳利息都不划算。在这种情况下，我们可以采用单卡循环还款方式来暂时解决还款问题，避免影响个人征信。

例如，张先生有一张额度为1万元的信用卡，还款日需要归还5000元的欠款，那么，他可以在还款日之前取出剩余的5000元，此时取出的5000元便可以等到下个还款日归还。张先生还款后本月的账单也就还清了。

虽然这种方法能够暂时解决还款的燃眉之急，避免个人征信出现问题，但是不宜长期使用。信用卡的本质是银行通过评估个人信用以及还款能力为个人开通"以信用换取资产"的渠道，如果只是一味地通过信用卡循环还款，就相当于只透支信用，而没有在事后对信用进行补足，久而久之，信用卡渠道将会被关闭。

我们还可以通过修改账单日的方式延长还款时间。正常我们可以获得50天的最长免息期，但是如果修改账单日，就可以在50天的基础上再延长一个月。

我们可以在账单日出账的前两三天，联系银行客服修改账单日，注意要将账单日修改为联系当天之前的日期。例如，目前我们的账单日是每月25日，在23日打电话进行修改，那么就可以修改成每月21日。这样，银行就不会在当月账单日出账，而是会在下个月的新账单日出账，我们也顺利实现了还款日的延长。

这种通过修改账单日来延后还款的方法，是有条件的。

（1）必须在银行出账单前完成修改。在信用卡账单出账后修改无法推迟本期还款日。

（2）根据发卡银行的不同，账单日的修改细则也不同。通常情况下，需要在银行规定的几个日期中选择。

（3）不可以随意修改信用卡账单日。例如，招商银行信用卡支持每半年

第八章
信用卡理财：合理使用信用卡，走出负债泥潭

修改一次，中国银行支持每年修改一次。不同银行的账单日修改规定不同，我们需要咨询发卡行。

对于通过修改账单日实现延后还款的方法，我们需要慎重使用，尽量避免超额消费。

如果资金回流出现问题，在还款日无法还款，我们也不必太担心因逾期而出现不良征信。虽然合同规定，银行在最后还款日没有收到最低还款额则视为逾期，但是在实际操作中，各银行都有几天的宽限期。例如，招商银行的信用卡宽限期为3天。同时，招商银行的信用卡宽限期并不需要申请，如果在还款日没有按时还款，则会自动进入3天宽限期。如果我们能在宽限期内还清，银行就会按照按时还款处理，不会产生逾期记录，我们也不需要缴纳罚息、利息和滞纳金。各家银行的宽限期有所不同，具体需要咨询发卡行。

上述技巧虽然可以帮助我们缓解资金压力、更从容地应对信用卡还款，但是在使用信用卡时，还是需要量力而行，避免超额消费。同时，我们还要养成按时还款的习惯，更好地积累自己的信用。

第九章

债券理财：保本增值的第一选择

第九章 债券理财：保本增值的第一选择

债券理财是资金用来保值增值的第一选择。相比于其他投资方式，债券理财可以让我们获得长期、稳定的投资收益。

9.1 债券是什么

债券是债务人为筹集资金而向债权人发行的有价证券，它的本质是一种债权债务凭证。从投资的角度来看，债券是一种重要的融资手段和金融工具。

9.1.1 利率债和信用债

债券按照信用状况可以分为两种：利率债和信用债。

1. 利率债

利率债是指政府提供债偿支持或以政府信用为基础而发行的债券。利率债的主要特征是以政府信用为基础，所以信用风险非常小，影响它内在价值的因素主要是资本市场的利率和资金的机会成本。

在我国，狭义的利率债主要包括国债和地方政府债券两大类。

国债由财政部发行，以中央财政收入作为债偿保障。国债的发行目的是弥补财政赤字，以及募集公共设施及国家级重点建设项目所需资金，例如桥梁、水坝等建设项目。国债的特征是安全性高，以国家信用为背书，而且收益稳定，还可以享有免税待遇。

地方政府债券由地方政府发行，以地方政府收入偿还本息资金，目前只

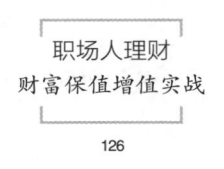

有省政府和计划单列市政府能够发行这一债券。发行地方政府债券的目的同样是解决公共设施及省、市重点建设项目所需资金问题。

除了国债以及地方政府债券，广义的利率债还包括中央银行发行的票据、国家开发银行等政策性银行发行的金融债、政府支持机构发行的债券。

需要注意的是，虽然利率债的信用风险小，但并不是完全没有风险，当特殊情况发生时，也可能出现本息兑付延期等情况。

2. 信用债

信用债的发行主体是企业，它以企业的商业信用为基础，除了资本市场的利率波动，发行主体的信用是影响该类债券内在价值的主要因素之一。

依据发行主体的不同，信用债可以分为两大类：一类是商业性金融机构发行的信用债，主要包括商业银行、保险公司等金融机构发行的债券；另一类是非金融企业发行的债券，主要包括以下3类：

（1）中国银行间市场交易商协会注册的非金融企业发行的债券，如中期票据、短期融资券等。

（2）国家相关部门审批的企业债，如中小企业集合债券、普通企业债券等。

（3）证监会核准的公司债，如普通公司债券、可转换公司债券等。

信用债受发行主体经营状况的影响，存在较大的信用风险。例如某企业2021年的利润为负，企业经营难以为继，那么购买该企业信用债的投资者就难以按期收回本息。正因为其具有较高的风险，所以信用债的收益率通常要比利率债高，投资者可根据自身实际情况进行选择。

9.1.2 债券的种类

债券的种类多样，按照不同的划分方式可以将债券分为不同的种类。

（1）按发行主体划分：可分为政府债券、中央银行票据、政府支持机构债券、金融债券等。

（2）按财产担保划分：可分为抵押债券、信用债券、担保债券。

第九章
债券理财：保本增值的第一选择

（3）按债券形态划分：可分为实物债券（无记名债券）、凭证式债券、记账式债券。

（4）按是否可转换划分：可分为可转换债券、不可转换债券。

（5）按付息方式划分：可分为零息债券、定息债券、浮息债券。

（6）按能否提前偿还划分：可分为可赎回债券、不可赎回债券。

（7）按偿还方式划分：可分为一次到期债券、分期到期债券。

（8）按计息方式划分：可分为单利债券、复利债券、累进利率债券。

（9）按债券是否记名划分：可分为记名债券、无记名债券。

（10）按是否参加公司盈余分配划分：可分为参加公司债券、不参加公司债券。

（11）按募集方式划分：可分为公募债券、私募债券。

（12）按能否上市划分：可分为上市债券、非上市债券。

（13）其他衍生种类：发行人选择权债券、投资人选择权债券、本息拆离债券、可调换债券。

9.1.3 债券的要素

虽然投资市场上的债券产品多种多样，但是其包含的基本要素是相对一致的。债券主要包括5个要素。

1. 债券面值

债券面值代表发行债券的票面价值，是发行方在特定时期需要归还给债权人的本金数额。但是债券面值与发行价格并不一定相同，当债券面值高于发行价格时，属于折价发行；当债券面值低于发行价格时，属于溢价发行；当两者相等时，属于平价发行。

2. 偿还期

偿还期是指债券上标明的还款期限，发行方要根据企业的实际运营情况来确定偿还期。

3. 付息期

付息期是指企业或政府发行债券之后，需要支付给债权人利息的特定日期。在通货膨胀等问题下，付息期会对投资者的实际收益产生很大影响。

4. 票面利率

票面利率是指债券的应付利息与债券面值的比例关系，并受到银行利率、发行者的资信状况、偿还期限的影响。

5. 发行人名称

发行人名称是债权人最终在规定的日期将投入的本金和应得的利息收回的重要依据。

掌握债券的特点与要素，投资者才能更好地在债券市场中学习、实践，更好地利用债券进行理财。

9.2 债券的购买

在投资债券之前，我们需要知道债券的交易流程、交易方式、应考虑的主要因素及交易手续费等。另外，债券理财虽然安全性较高，但同样存在风险。如果债务人不能按时偿还本息，那么就可能造成债权人的亏损。因此，我们需要选择安全性较高的债券型理财产品，一般来说，国债、地方政府债是比较安全的选择，其次是金融债。

9.2.1 交易流程

个人投资者可以到银行或证券公司开设债券账户进行债券的购买，这样不但最终可以获得还本付息的收益，还能使用可转换债将债券卖给他人，从而快速获得交易差价。这是一种很好的收益方式。

债券的交易流程主要有以下 4 步：

（1）投资者委托证券商买卖债券，签订开户契约，填写开户有关内容，

第九章
债券理财：保本增值的第一选择

明确经纪商与委托人之间的权利和义务。

（2）证券商通过在证券交易所内的代表人或代理人，按照委托条件实施债券买卖业务。

（3）办理成交后的手续。成交后，经纪人应于成交的当日，填制买卖报告书，通知委托人（投资人）按时将交割的款项或交割的债券交付委托经纪商。

（4）经纪商核对交易记录，办理结算交割手续。

9.2.2 交易方式

上市债券的交易方式大致有现货交易、回购交易、期货交易3种。

1. 现货交易

现货交易又叫现金现货交易，是指债券买卖双方对债券的买卖价格均表示满意，在成交后立即办理交割，或者在很短的时间内办理交割的交易方式。

2. 回购交易

回购交易是指债券出券方和购券方在达成一笔交易的同时，规定出券方必须在未来某一约定时间以约定的价格从购券方那里购回原先售出的那笔债券，并以商定的利率（价格）支付利息的交易方式。

3. 期货交易

期货交易是指双方成交一笔交易以后，交割和清算按照期货合约中规定的价格在未来某一特定时间进行的交易。

9.2.3 购买时应考虑的主要因素

职场人在选择债券项目时需要考虑以下3个方面的因素：

1. 风险

职场人需要根据自身的经济能力和可承受风险的能力，尽量选择满足自身投资要求的债券产品。

2. 利率

投资债券时，职场人可以优先考虑利率情况，利率上升则债券价格下跌，反之则债券价格上涨。

3. 收费方式

债券基金有3种不同方式的收费标准：A类收费方式是前期收费，适合不知道需要投资多久的投资者；B类收费方式是后期收费，适合长期债券投资者；C类收费方式是无申购、赎回费用但有销售服务费用，适合短期债券投资者。

9.2.4 国债的投资方法

相对于其他投资方式来说，国债投资的风险小、起点低、回报稳定。但是投资国债也需要采用一定方法，主要有平摊法、计划法、三角法、梯形法这4种方法。

1. 平摊法

平摊法即投资者选定一个期限，在这一期限内无论国债的价格如何波动，都定时、定量进行购买，这样可以让平均成本小于实际价格。

2. 计划法

计划法即投资者按照一定的计算方法和公式计算出买入和卖出国债的价位后，基于"低进高出"的原则进行投资。当国债的价格下降时则买入一定量的国债，当国债的价格上升时则卖出一定量的国债。

3. 三角法

投资者投资国债的时间不同，获得的利息和也不尽相同。投资者可以在某一时段内连续投资国债，保证国债到期的时间差不多，从而收到预定的本息和。

4. 梯形法

投资者可以每隔一段时间投资一部分国债，这样既能保证资金流动性，又能使收益平稳增加。

一般来说，国债可以分为无记名式、记账式、凭证式、电子储蓄式等。

无记名式国债的历史最长，是实物券形式的国债；记账式国债是通过无纸化方式发行的以电脑记账方式记录债权，并可以上市交易的债券；凭证式国债是以填制国库券收款凭证的方式发行的国债；电子储蓄式国债也叫储蓄国债，属于满足长期储蓄性投资需求的国债种类。

无记名式国债和记账式国债的流动性比凭证式国债和电子储蓄式国债的流动性要好，因为前二者可以上市交易，流动性较强，但是这两种交易型国债的价格会随市场波动而变动，具有一定的风险。所以一般无记名式国债适合金融机构购买，记账式国债适合有一定金融专业知识的人购买，而凭证式国债和电子储蓄式国债的风险较小、相对比较稳定，更适合大众投资者购买。

如果想获取相对于票面利率更高的收益，投资者往往要承担更大的市场风险。相比于股市风云变幻、基金收益不断降低，国债这种投资方式相对稳健，更能保证资本的保值与增值。

9.2.5 交易手续费

债券交易手续费（佣金）是指投资者在债券买卖成交之后按照一定比例缴纳给券商的费用，其标准与债券类型以及债券公司有关。不同的证券交易所的交易手续费也不相同，以上海证券交易所和深圳证券交易所为例。

上交所决定自 2022 年 8 月 1 日起可转债交易经手费调整为成交金额的 0.004% 双向收取，调整期上交所可转债的经手费是 0.0001% 双向收取，深交所可转债经手费此前也是 0.004% 双向收取。

买卖债券的交易费用如下（债券回售费用同买卖费用）：

（1）沪市：国债、公司债、企业债、可交换债券、可转换债券交易佣金按照不超过成交额的 0.02% 双向收取。

（2）深市：国债、公司债和企业债交易佣金按照不超过成交额的 0.02% 双向收取；可转债的交易佣金按照不超过成交额的 0.1% 双向收取；可交换债券的交易佣金按照不超过成交金额的 0.1% 双向收取。

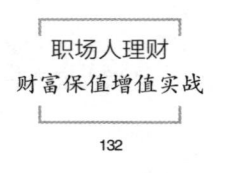

其他债券交易手续费：

（1）过户费：每千股收 1 元（小于 1 元收 1 元、深市无）；

（2）印花税：成交金额的 1‰（卖出时收取，买入时不收）；

（3）委托费：每笔 1 元。

9.3 收益风险

除了债券类型不同引起的风险，债券的收益率也会存在一定波动。不同于银行存款，债券的构成相对复杂。如果债券发行方运营不佳，就会导致债权人投资亏损。

9.3.1 债券与储蓄的区别

债券与银行存款主要有以下 4 个方面的区别：

1. 安全性不同

债券的债务人是政府、金融机构和企业，银行存款的债务人是银行等金融机构。从整体上看，银行存款的安全性高于债券。

2. 收益不同

债券的收益组成很复杂，基本部分是利息收入，除此之外，还会有利率波动带来的资本收益。如果投资者没有在约定期限内卖出，债券收益还包括后续的复利。而银行存款的收益仅是利息收入，目前我国的利率由中央银行统一规定，利率调整只对活期存款有影响，其余种类的存款则不受影响，收益较为稳定。债券的实际收益率要比银行存款的实际收益率高。

3. 期限不同

债券的期限随种类的不同而不同，有 1 年内到期的短期债券，也有长达几十年到期的长期债券。银行存款的期限通常较短，定期存款的最长期限为 8 年。

第九章
债券理财：保本增值的第一选择

4. 流动性不同

债券的流动性较强，如果投资者急需现金，可以将手中的债券在市场上转让，转让价格即为当时的市场价格，其中包括在有效期限内尚未支取的利息收入。银行存款的流动性根据存款种类的不同而有所差别，一般来说，活期存款流动性很强，而定期存款则缺乏流动性。如果我们想要将未到期的大额定期存款取出，将会遭受很大的利息损失。

9.3.2 债券的风险

投资回报率越高，风险越大。债券面临的风险有以下4点。

1. 购买力风险

购买力风险指的是货币贬值和通货膨胀导致的购买力下降，进而降低投资者的实际收益水平。面对购买力风险时，投资者需要运用分散的方式投资，它产生的风险可以由一系列高收益的投资方式弥补。

2. 利率风险

当银行利率不断升高时，债券的价格会相应降低。投资者这时应该持有长短期两种债券来规避风险。若利率下降，短期债券可以迅速撤回，长期债券可以持续保持高收益。

3. 经营风险

经营风险主要是指债券发行方运营不佳，致使企业资产亏损较为严重，投资者遭受损失。因此，在投资之前，投资者需要对将要投资的债券背后的发行方进行深入调查，审查其运营能力、盈利能力和偿债能力。

4. 变现能力风险

变现能力风险是指某些特定时候，投资者无法将债券卖掉而产生的风险。投资者在选择债券产品的时候，需要尽量选择成交活跃的债券进行投资；投资成交不活跃的债券有可能会导致在需要变现时无法成交。

综上所述，投资者在选择投资方式时，最好配置股票、基金、债券等多

种理财产品，这样有助于分散风险。而且在实际投资债券时，投资者最好根据需要，选择适合的长短期两类债券，以应对利率变动带来的风险。

9.3.3 利率变动与价格变动

债券价格的高低到底有什么奥秘？很多时候，当债券的价格降低时，债券的收益率反而会升高。这让投资者产生疑惑，因为债券的价格与名义收益都是事先约定好的，为什么还会出现此类变动呢？

下面将具体分析收益率对债券价格变动所产生的影响。

1. 名义收益率

名义收益率是指名义上的收益与本金的比率，也就是票面利率。其公式为：

$$名义收益率 = 年利息收入 \div 票面金额 \times 100\%$$

2. 到期收益率

到期收益率是指投资者购买的债券在特定日期时获得的实际收益与投资本金的比率。其公式为：

$$到期收益率 = (债券年利息 + 债券面值 - 债券买入价) \div (债券买入价 \times 剩余到期年限) \times 100\%$$

3. 即期收益率

即期收益率又称零息利率，主要是指零息债券到期收益率。其公式为：

$$即期收益率 = 年利息收入 \div 投资支出 \times 100\%$$

4. 持有期收益率

持有期收益率是指从买入债券到卖出债券的期间所能获得的收益率。其公式为：

$$持有期收益率 = [总年利息收入 + (卖出价格 - 买入价格)] \div (持有年数 \times 买入价格) \times 100\%$$

5. 认购者收益率

它是指投资者购买债券之后，在特定日期的资本收入比率。其公式为：

第九章
债券理财：保本增值的第一选择

$$认购者收益率 = [年利息收入 + (面额 - 发行价格) \div 偿还期限] \div 发行价格 \times 100\%$$

9.3.4 刚性兑付真的存在吗

刚性兑付的概念最早来源于信托行业，是指在信托产品到期后，信托公司必须将本金和收益分配给投资者，如果出现意外无法兑付，信托公司就要发行新产品进行兜底处理。虽然我国法律并没有就刚性兑付进行明文规定，但为了在激烈的市场竞争中争夺客户，各大资本机构纷纷实行刚性兑付这一机制。

在市场发展初期，刚性兑付机制可以促进投融资的发展，保障中小投资者的收益安全与稳定，对一些中介机构也做出了约束，有一定的积极意义。但随着市场的不断深化，刚性兑付的弊端越来越明显，例如抬高了无风险收益率、降低了投资者的风险意识、不利于金融市场的健康发展等。这也促使刚兑逐渐淡出债券市场。

第十章

黄金理财：金生"金"的财富增值法则

第十章
黄金理财：金生"金"的财富增值法则

随着金融市场的变动逐渐加大，人们纷纷寻找更稳妥的理财方式，而黄金理财就是一个不错的选择。黄金作为一种贵金属，价值高，是一种独立的资源，不受任何国家或贸易市场的限制，可以帮助投资者避免因经济环境变化而引发的问题。

10.1 为什么要买黄金

俗话说"乱世买黄金，盛世藏古董"，这句话的意思是动荡时期要大量购买黄金，太平盛世则要多收藏古董。这是古人的理财之道，放到现在也适用。作为贵金属和硬通货的黄金，其价格相对稳定。即使外部的经济环境发生变化，古董之类的物品价值下跌，黄金的价值也基本不会变化，非常适用于财产保值。

10.1.1 稀缺金属保值增值能力强

黄金是稀有的金属资源，它的价值得到了全球投资人士的认可，是投资界较为稳健且广受推崇的投资项目。它备受欢迎的一个原因就是保值性强，它不会随着时间与环境的变化而变化，它的价值永远存在。

例如，白先生在某个国家用黄金兑换了一些货币，用于在这个地区的消费。某一天，白先生需要去往另一个国家办理事宜，却来不及将现有货币进行兑换，这时黄金就起了很重要的作用。

白先生所到国家无法使用上一个国家的货币，若碰巧该国不支持货币间

的兑换，白先生可以使用黄金进行货币兑换。而且黄金是根据国际金价鉴别价值的，不存在亏损的问题。

由此可见，黄金的保值性较强，它的价值不会因为时间、地域、政策、经济等因素的变化而降低，某些时候反而还有升值的可能性。

10.1.2 黄金受通货膨胀的影响小

黄金是一种国际认可的、有价值的流通物品。很多银行或者机构愿意给予黄金拥有者黄金价值90%左右的短期贷款，而房产的抵押贷款才占房产评估价值的70%。可见黄金的价值力度。

面对通货膨胀，只有黄金这种能保值、增值的物品才能与之对抗。无论在任何经济环境或政策环境下，黄金的实际价值都不会因为外在条件变化而产生变动。

此外，黄金市场也不会被恶意操控，因为它属于全球性的投资市场，当前还没有任何一个国家或者机构能有如此强的经济实力操控黄金市场。因此黄金市场是一个透明的交易市场，投资者的投资会获得极大的保障。

10.2 黄金的鉴别与保管方法

黄金被长时间持有，才有可能实现大幅度的升值。投资者要尽可能买到优质的黄金，并保管得当，避免因折旧、损坏而降低黄金的价值。

10.2.1 黄金的鉴别方法

如何鉴别黄金的真伪和质量？最精准的鉴定方式便是交付给专业的黄金鉴定机构检验，不过，专业机构鉴定往往需要一个复杂的流程。为了节省成本，以下几种简单的黄金鉴定方式可供参考。

1. 比重

黄金的比重值是 $19.32g/cm^3$，重于银、铜、铁、铝等金属。将黄金放在手上，应有沉坠之感。若投资者感觉手中的黄金没有什么重量，则说明黄金可能是假货。

2. 柔软度

黄金含量越高，就会越柔软，成色极好的黄金甚至可以用指甲划出印痕。但是为了便于将黄金雕琢成黄金饰品，人们往往会在黄金中加入铜元素，增强其硬度。

3. 声音

黄金含量越高，抛出后坠落到地面上时会发出沉闷的"吧嗒"声，且不会弹起。而黄金含量低的黄金坠落在地面上后会发出"当当"的声音，而且会弹起、跳动。

4. 火烧

将黄金进行灼烧，若烧后黄金为原色，则黄金含量较高；若烧后黄金显现黑色，则黄金含量较低。而且烧后颜色越深，纯度越低。需要注意的是，金币与饰品最好不要通过这种方式鉴别，以免破坏其形态。

5. 标记

纯正的黄金上面都印有"24K"足金的标志，这个标志是根据国际标准制定的。

投资者可以通过以上5种方法鉴别黄金的质量。同时，在方法的选择上，投资者要根据黄金的形态来选择。鉴别时最好不要对黄金造成损伤，以免影响其价值。

10.2.2　黄金的保管方法

很多投资者致力于投资黄金，但是不了解黄金的保管方法。如果黄金保管不当，不但影响其安全性，还可能会造成一定的损失。投资者需要掌握必要的黄金储存方式和收藏手法。

1. 储存方式

（1）家中收藏。很多投资者选择将黄金放在家中收藏，既方便维护，又能随时查看黄金情况。

（2）银行存放。投资者也可以将黄金存放到银行中。投资者可以在银行购买黄金，然后选择延期提货，后期便可将黄金储蓄，获得相应的利息。但是利息并不高，到期前投资者也不可将黄金取回。但相对来说，黄金放在银行安全系数较高，而且保存方式专业，不用担心损坏。

综上所述，投资者可以根据自身的需求，选择合适的黄金储存方式。

2. 收藏手法

（1）存放地点的安全性。不论将黄金存放在哪里，投资者都要保证黄金存放的安全性。安全性体现在两个方面：一是隐蔽、私密的环境，避免黄金丢失；二是要将黄金放在相对干燥的环境中，避免黄金氧化，也不要将黄金和其他金属饰品放在一起，容易产生化学反应。

（2）聚集存放。人的记忆力是有限的，将黄金分散存放很容易造成丢失，因此投资者最好找一个安全的地方将黄金聚集存放。这样既安全，又不容易被遗忘，以免造成损失。

除了掌握以上储存方式和收藏手法，在存放、保管黄金时，投资者也需要将黄金分别包装好，避免外部环境对黄金成色产生影响。

10.3 新手买金注意事项

一个投资黄金的新手需要注意哪些问题呢？首先，要选择正规的渠道投资黄金；其次，要设置恰当的投资比例；最后，要避免盲目跟风，规避投资误区。

10.3.1 实物黄金的投资渠道

在我国的黄金投资市场上，实物黄金是其中较为活跃的投资产品，许多

第十章
黄金理财：金生"金"的财富增值法则

投资者对这一产品十分心动。那么，投资者可以通过哪些渠道进行实物黄金投资呢？

金店是购买黄金产品的渠道之一，但是这种渠道更偏重的是黄金的收藏价值而非投资价值。黄金首饰是十分实用的产品，买入与卖出的价格相差不大，因此其投资意义并不大。

投资者可以从银行购买金条、金币等产品，进行黄金投资。例如，中国人民银行就推出了熊猫金币，其不仅是金币，还是一种货币，价值十分稳定，因此投资风险较小。

同时，投资者也可通过黄金延迟交收业务平台进行黄金投资。黄金延迟交收即投资者按交易价格买卖金条后，延迟至第二个工作日或任何工作日再进行实物交割的一种交易模式。投资者可以通过平台购买金条，也可以通过延迟交收机制实现低买高卖，借助黄金价格的波动获得收益。

此外，随着互联网的高速发展，很多年轻投资者开始网购黄金。例如最近火爆网络平台的"金豆豆"成为年轻投资者的首选。"金豆豆"的规格通常在1克左右，价格也仅有几百元，相比于动辄成千上万元的金条，"金豆豆"的购买门槛低，而且造型小巧可爱，更能吸引年轻投资者。

但是也有一些人质疑"金豆豆"的规格远够不上黄金投资的门槛。有相关人士指出，只要选择能够提供回购服务的正规商家，例如品牌金店、商业银行等，一般不会有太大问题。另外，投资者还需要注意的是，购买"金豆豆"时要问清楚是否有加工费、检验费以及回购条款明细等问题，有些金店会以不是自家品牌的商品为由多收取手续费，导致投资者变现成本增加。

10.3.2　黄金投资的技巧

在进行黄金投资时，投资者需要掌握一定的投资技巧。

首先，投资者要确定恰当的投资比例。这个投资比例是针对投资者的整体投资计划来说的，大部分的理财产品，如股票、基金等，都有较大的风险，

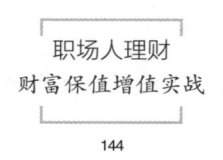

而黄金投资不仅可以实现资产保值，还能够实现资产增值。因此投资者需要在自己的资产配置中加入黄金这一产品，将资产的一部分用于投资黄金。

在设置比例时，投资者需要因时制宜，适当增减黄金的投资比例。当金融系统的风险增加时，投资者应增加黄金的投资比例。

其次，投资者要分批买入或卖出。黄金具有长期持有的长线投资特点，投资者在进行黄金交易时，要从长远分析黄金价格的走势，预测黄金价格未来的变化。

分批购买能够使投资者的决策更加科学。在金价上升后，投资者可根据涨幅加仓，如果价格反复波动或出现较大下跌时，投资者就需要停止加仓，观察趋势。当金价再次上涨时，投资者可持续买进。如果感觉危机已经来临也可以及时出售手中的黄金。分批买入或卖出能够降低资金投入和持有黄金期间的成本，降低投资风险。

投资者需要参考以上投资技巧进行黄金投资。在掌握一定理论的同时，投资者也要根据不同的形势做出科学的判断。

10.3.3 黄金投资的误区

当前，投资者对黄金投资的热情越来越高，也有一些投资者盲目跟风，最终并没有获得预期的收益，原因就是他们走进了黄金投资的误区。黄金投资主要有以下几种误区，这些都是投资者需要规避的。

误区一：偏好纪念型金条。

金条是最常见的黄金产品，分为纪念型金条和投资型金条两种。两者制作工艺不同，纪念型金条设计精美、工艺精湛，投资型金条的工艺较为简单，因此，纪念型金条更受投资者的喜爱。但是，如果从投资成本的角度来思考，投资型金条比纪念型金条更适合投资。因为金条在销售时会在实时金价的基础上收取一定的加工费，与纪念型金条相比，投资型金条的加工费更低、流通性更强。

第十章
黄金理财：金生"金"的财富增值法则

误区二：频繁买入卖出。

黄金市场中存在这样一种现象：当金价涨幅较高时，许多投资者会到银行办理黄金回购业务，期望能够在金价再次上涨时卖出，以此获得收益。这些投资者把黄金当作波段操作的工具，频繁买入卖出，以获得差价收益。这种操作方式是不合理的。

首先，波段操作的成本很高，卖出黄金时采用加价销售的方式，价格高于当时的黄金市场价格；而进行回购时，则需要按照 3~10 元/克的标准交付手续费。因此，只有金价上涨达到一定的水平时，才能够弥补其中的成本。其次，尽管黄金市场整体呈上涨趋势，但也会阶段性地下跌，投资者在进行交易时要认清行情走势是否真的发生了变化。

误区三：黄金越纯越好。

在高纯金技术的应用下，黄金市场出现了纯度为 99.999% 的高纯金。不少金店也推出了各种高纯金产品。一些投资者将高纯金产品当作投资对象。但是，高纯金产品并不是投资的最佳选择。因为其定价机制并不透明，在市场上的黄金报价系统中，并没有高纯金的报价，投资者很难判断其价格是否合理。因此，投资黄金并非越纯越好，流通性强才是王道。

投资者需要了解并规避以上黄金投资的误区，只有保证投资决策的正确性，投资才可能获得收益。在投资的过程中，投资者也不能人云亦云，要根据自己的经验、知识及对市场的分析，形成自己的观点，并在投资实践中验证自己的观点。

第十一章

基金理财：用基金定投平衡市场波动

第十一章
基金理财：用基金定投平衡市场波动

基金定投是当下热门的理财方式，它投资门槛低、种类丰富、收益可观，是很多年轻人的选择。

11.1 明确流程，择优买入

购买基金之前，我们要先对基金有大致的了解，包括它的类型、特点、交易场所以及如何选择适合自己的基金。正所谓"没有最好的产品，只有最适合自己的产品"，多做功课，我们才能选到适合自己的产品。

11.1.1 基金的分类

我们可以从基金的投资方向、投资理念、交易渠道、募集方式、运作方式等方面对基金进行分类。

一、投资方向

1. 股票型基金

所谓股票型基金，是指股票型基金投资股票的仓位不能低于80%。股票型基金具有高流动性、高变现性的优势。同时，投资股票型基金比直接投资股票的风险小很多，但与证券、货币型基金等相比，它的风险仍较高。一般来说，能够承受高风险的投资者可以投资这一类型的基金。

根据持股仓位、基金投资目的、基金投资分散化程度和股票种类，我们可以将股票型基金分为9类，如图11-1所示。

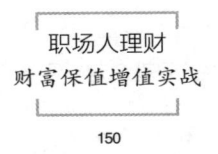

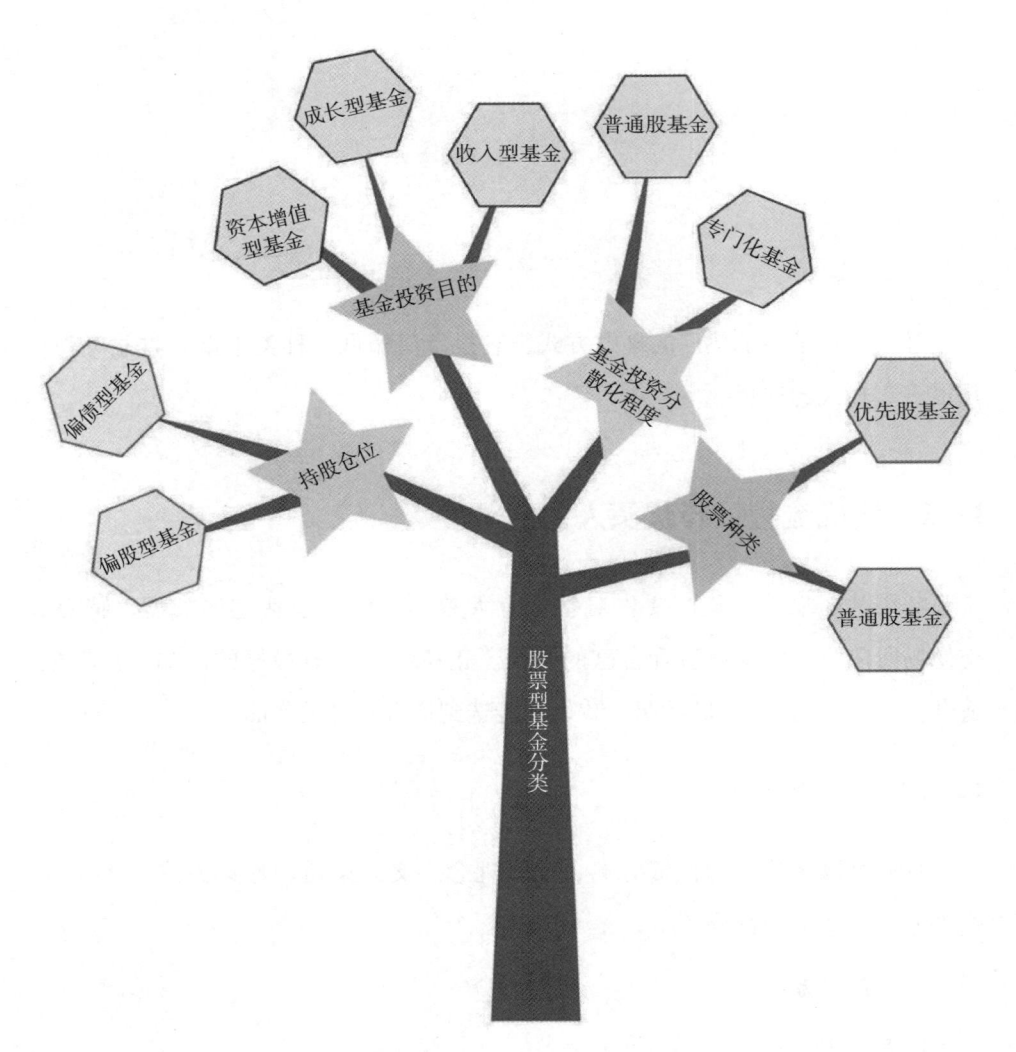

图 11-1 股票型基金分类

（1）持股仓位。

偏股型基金：以投资股票为主，股票配置比例通常为 80%，高收益伴随高风险。

偏债型基金：以债券投资为主，债券配置比例比股票配置比例高 10% 以上，收益适中，但比债券型基金的风险大。

第十一章
基金理财：用基金定投平衡市场波动

（2）基金投资目的。

资本增值型基金：主要目的是追求资本高速增长，以此带来高收益，但伴随着高风险。

成长型基金：主要目的是资产稳定增加，主要选择有成长空间、能长期盈利的公司，风险和收益都适中。

收入型基金：主要目的是实现当期收入最大化，收益较低，风险较低，主要选择稳定的有价债券投资，属于保守型投资。

（3）基金投资分散化程度。

普通股基金：将大部分资金投资于普通股票中，一小部分投资政府债券或其他股票。高收益伴随着高风险。

专门化基金：将大部分资金投资于一种行业的普通股中，投资对象特定。

（4）股票种类。

优先股基金：投资上市公司优先股，注重固定收益。

普通股基金：一般投资于一种或数种行业普通股。

2. 债券型基金

投资者将80%以上的资产用于债券投资的是债券型基金。它与股票型基金相比，收益更加稳定，风险也更低。因此，适合对资金安全性要求较高同时还希望收获较为稳定的投资者。

3. 混合型基金

混合型基金会将资产进行组合配置，包括股票、债券、货币型基金等。这种基金的主要特点是以组合投资的方式来合理分散风险。混合型基金的风险低于股票型基金，同时收益高于债券型基金，是比较保守的投资选择。

4. 货币型基金

货币型基金也被称为停泊基金，主要投资短期债券、中央银行票据等安全性极高的短期金融品种。主要具有高安全性、高流动性的特点，适用于厌恶风险，希望自身资产保持较高流动性的投资者。

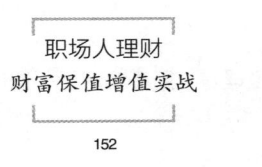

货币型基金只投资于货币市场，每天计算收益，一般1个月把收益结转成基金份额，利息免税。货币型基金的投资对象主要有以下5类，如图11-2所示。

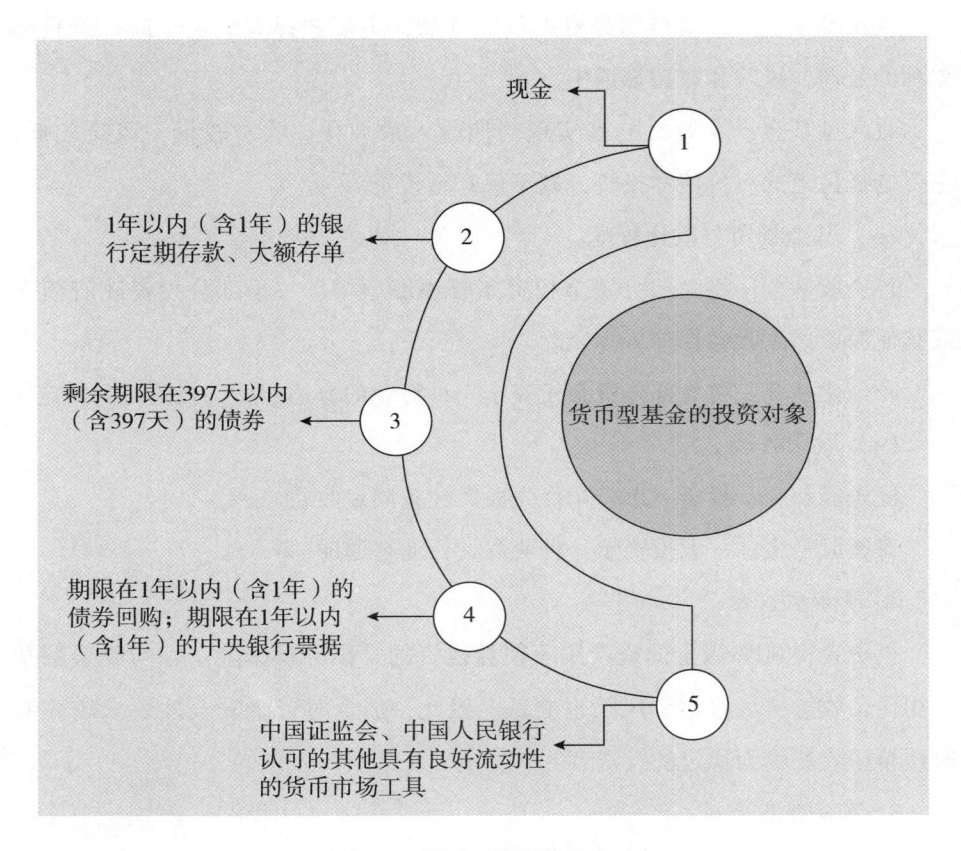

1. 现金
2. 1年以内（含1年）的银行定期存款、大额存单
3. 剩余期限在397天以内（含397天）的债券
4. 期限在1年以内（含1年）的债券回购；期限在1年以内（含1年）的中央银行票据
5. 中国证监会、中国人民银行认可的其他具有良好流动性的货币市场工具

图11-2　货币型基金的投资对象

二、投资理念

1. 主动型基金

主动型基金以获取超越业绩基准的超额收益为目标，会主动追踪市场指数。

2. 被动型基金

被动型基金也被称为指数型基金，被动追踪市场指数，并以该指数的成分股为投资对象，以获取市场平均收益为目标。

三、交易渠道

场内基金通常指购买其他投资者转手的基金，类似于二手市场中的买卖。目前在我国能够进行场内基金交易的场所有 3 个，分别是上海证券交易所、深圳证券交易所以及 2021 年 9 月 3 日注册成立的北京证券交易所。

四、募集方式

1. 公募基金

公募资金是面向社会公开发行的基金，投资门槛较低，部分可 1 元起购，因此适合中小投资者。

2. 私募基金

私募基金与公募基金相对，不公开发行，只面向特定人群发行。私募基金的投资门槛较高，100 万元起购，适合机构投资者和高净值人群投资。

五、运作方式

1. 封闭式基金

封闭式基金是指该基金在设立时便已确定了发行期和发行总额，发行完毕后在规定期限内，其基金总额保持不变。

2. 开放式基金

开放式基金是指该基金在设立时发行期和发行总额不固定，投资者在发行期限内可随时购买份额。

六、其他特殊类型

1. ETF 基金

ETF 基金一般指交易型开放式指数基金，在交易所内上市，基金份额可变。它是一种被动式管理型指数基金。

2. QDII 基金

QDII 基金是指在一国境内设立，经该国有关部门批准后从事境外证券市

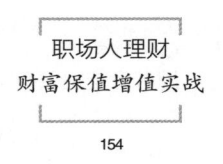

场的股票、债券等有价证券业务的证券投资基金。该种基金面向部分合格的境内投资者有限开放交易资格。

3. 分级基金

分级基金也被称为结构型基金，是指在同一个投资组合下，通过对净资产的分解，能够分为预期风险和收益都较低的 A 类份额，以及预期风险和收益都较高的 B 类份额。

11.1.2 如何确定优质的产品

基金覆盖的产品内容十分丰富，包括股票型基金、债券型基金、货币型基金、混合型基金、指数基金等，投资者总能在其中找到一款适合自己的产品。对于刚刚入门进行基金定投的新手来说，分批买入指数基金，不仅能够使投资风险降低，还能够获得相应的收益。

在所有的基金种类中，指数基金拥有非常明显的优势，如透明度高、仓位重、具有永续性、受到的人为干预少等，投资者可以放心地长期持有。在众多特点各异的指数基金中，长期以来持续上涨、波动较大的指数基金最适合定投。

那么，投资者具体应当怎么挑选合适的指数基金呢？以下两个标准可供参考。

1. 选择低估值的宽基指数基金

宽基指数基金成分股涉及股票数量多、行业范围广，常见的沪深 300 指数、中证 500 指数、标准普尔 500 指数的基金，基本都是宽基指数基金。

在罗伯特·清崎发明的现金流游戏中，玩家会抽到一种基金卡片，卡片上标注基金代码、今日价格、价格估值范围、投资收益率等信息。当玩家看到这张卡片后，就可以清楚地判断出基金价格是高估还是低估，并据此决定如何进行下一步的交易行为。如何才能做到让现实生活中的投资机会像游戏中一样清晰明了呢？

第十一章
基金理财：用基金定投平衡市场波动

我们其实可以将高仓位的指数基金看成一只股票，以评判股票的标准来评判指数基金。常见的估值指标主要有市盈率、盈利收益率、市净率、股息率等。

市盈率也称"本益比""股价收益比率"或"市价盈利比率"，是指股票价格除以每股收益的比率。简单来说，就是指按现在的盈利水平多少年可以回本。盈利收益率就是市盈率的倒数。盈利收益率＝盈利/市值，我们可以将其理解为投资 1 年的回报率。

如果盈利收益率远超债券的利率，投资者就可以大笔买入该股票；如果盈利收益率低于债券的利率，投资者不如选择持有债券，安全性更高。

当然，对部分周期性行业（如证券行业）来说，参考市盈率的估值方法就不太适用，否则容易掉入市盈率陷阱。在大行情到来时，证券行业的市盈率会不增反降，但此时的投资风险已经变得很高。如果投资者按照观察市盈率的方法买入，很有可能成为"接盘侠"。针对这种情况，投资者可以利用市净率进行估值。因为每个行业或公司的净资产相对来说会更稳定，一般不会出现大起大落的现象。

2. 选择误差比较小的基金

指数基金的主要任务是跟踪标的指数的走势，以此赚取市场的平均收益。它的终极业绩目标是将指数的走势完全复制。指数基金跟踪的是与其对应的指数，所以它持有的股票也应当是对应指数的成分股。拟合度越高的基金，收益率就会越高。因此，投资者需要仔细观察基金的过往走势与对应指数的拟合度，据此评价其优劣，尽量选择跟踪误差小的基金。

对指数基金而言，跟踪误差越小，就说明投资的效果越好。可是，跟踪同一指数的基金那么多，我们应该如何了解它们的跟踪误差呢？

主要方式有两种：一种是基金公司定期公布的报告，其中会有关于跟踪误差的数据，以及这个误差是否符合提前设置的目标等信息；另一种是通过天天基金网等第三方基金交易平台查询相关信息。

除此之外，还有一些投资者选择在各大平台的热销基金榜单上寻找潜在

的投资目标。但是从2021年下半年开始,基金市场的波动较大,很多投资者本想投资基金寻求安稳,没想到基金市场与股市没有太大区别。例如原本在热销基金榜单前列的某只基金,因其收益率一跌再跌,投资人对基金经理和这份榜单十分不满,甚至几度闹上微博热搜,一时之间这位基金经理在网络上销声匿迹,该榜单最终也将这只基金移了出去。

上海证券基金评价研究中心负责人表示,依赖热销基金榜单投资本就是非理性的,很多热销榜单是为了迎合投资者的从众心理设立的,虽然也有一定的客观性,但最终目的是吸引投资者购买基金。对于小白投资者来说,依靠热销基金榜单识别基金好坏是不现实的,很容易"被人牵着鼻子走",最终导致投资亏损。若想真正识别出好基金,还是需要投资者长期的知识和经验积累。

11.1.3 场内基金好还是场外基金好

场通常指的是交易所。简单来说,场外基金交易就是在一手市场中进行基金交易,即直接通过基金公司完成交易。场内基金交易则大多是通过其他投资者进行的,类似于在二手市场上买卖基金。这个过程需要在证券交易所进行,所以又叫作场内基金交易。场内基金交易与场外基金交易的对比情况如图11-3所示。

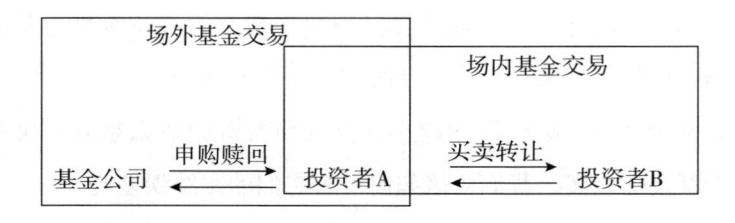

图11-3 场内基金交易与场外基金交易的对比情况

1. 场外基金交易与场内基金交易的区别

场外基金交易与场内基金交易的区别主要包括交易机制、买卖价格、购

第十一章
基金理财：用基金定投平衡市场波动

买途径、交易费用、可购买基金范围和投资门槛6个方面。

（1）交易机制。

场外基金交易：通过基金公司完成购买。

场内基金交易：在证券交易所购买其他投资者手中的份额。

（2）买卖价格。

场外基金交易：取决于交易日结束后的基金净值。

场内基金交易：以基金本身的价值为基础，实际价格受市场需求影响，具体价格以实际成交价格为准。

（3）购买途径。

场外基金交易：购买途径为基金公司、银行等代销平台，投资者间接购买。

场内基金交易：购买途径为证券交易所，投资者直接购买。

（4）交易费用。

场外基金交易：交易费用包括申购费、赎回费、运作费等，不同基金的具体费用不同，但整体而言，场外基金交易的费率要高于场内基金交易费率。

场内基金交易：场内交易不收取申购费、赎回费等，交易费用以佣金为主，不同证券机构收费不同，一般不超过成交金额的千分之三。

（5）可购买基金范围。

场外基金交易：市场中的绝大多数基金均可购买。

场内基金交易：只能购买特定种类的基金。

（6）投资门槛。

场外基金交易：门槛低，从1元起投，到上千元不等。

场内基金交易：每笔交易最少100份。

2. 选择的参考

在不同的情况下，投资者对场内基金交易和场外基金交易的优劣势所持的看法不同。在选择时我们可以参考以下3个方面：

（1）交易成本。场内基金交易的费用通常会低于场外基金交易的费用，如果交易金额较大，可以采取场内基金交易的方式。

（2）操作难易。场内基金价格受市场需求影响会实时波动，投资者需随时盯盘。场外投资者只需要选择好交易日即可，还可以设置定投日自动扣款。

（3）投资侧重。有较强投资能力的投资者想要追求更高收益的话，可以选择场内基金交易，而普通投资者可以选择场外基金交易，获得基金增值的利润。

11.1.4 基金理财的运作流程

进入基金市场后，投资者应该如何选择一只适合自己的基金呢？投资者要看基金的走势图，并遵循"高抛低吸"的原则。

基金的净收益越高，风险通常也越大。为了更好地规避风险，投资者在选择基金时要注意观察走势图，如果买入时基金的价格恰巧在高点，那么在随后的一段时间内投资者可能会如坐针毡。

投资者在选择基金公司时应查看基金的档案，了解其资产规模。不同基金公司的资产规模也许会相差很大。资产规模小的基金公司，风险承担能力一般会比较弱。因此，对于资产不多的投资者来说，选择稳健的、资产规模比较大的基金公司更为合适。

除了查看资产规模，投资者还要清楚基金的控股公司。根据控股公司的实力和历史收益情况，投资者可以决定自己是否要购买该基金。

在查看了基金的走势图和档案后，投资者就可以着手进行基金交易了，具体步骤如下：

1. 开户

投资者需要在基金公司开立基金账户。在开户时，投资者需要提供身份证明、银行卡等。完成开户手续后，投资者才能够进行基金交易。

第十一章
基金理财：用基金定投平衡市场波动

2. 填写风险测评问卷

大多数基金公司会让投资者填写风险测评问卷，并据此为其推荐合适的基金类型。如果投资者之前做过此类风险评估，评估结果的有效期会保持 3 年。一旦多于 3 年，若要购买基金，就需要重新进行风险评估。

投资者可以自行在理财软件上进行风险评估。以支付宝为例，在投资者购买基金前，支付宝会先跳出相关的风险评估提示。投资者点击进入并完成评估，就可以得到风险评估结果，如图 11-4 所示。

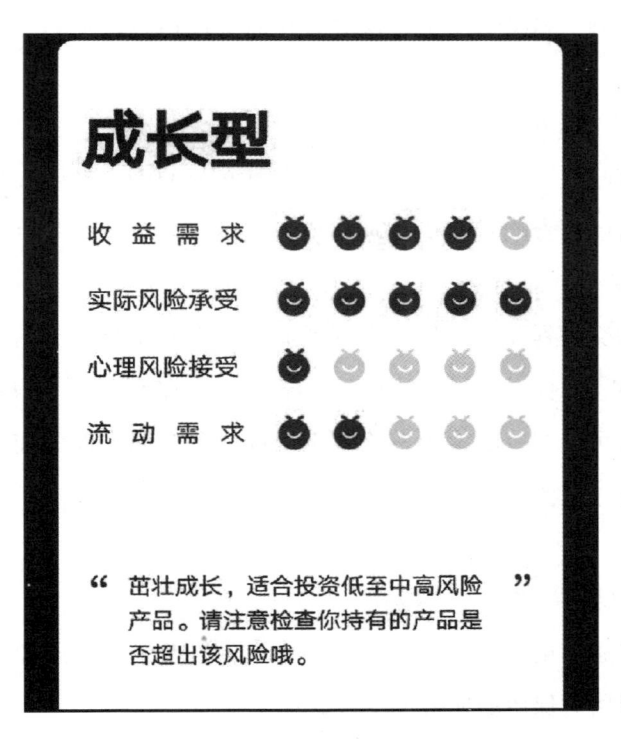

图 11-4　支付宝给出的风险评估结果

3. 基金产品选择

风险评估完成后，投资者需要综合考虑基金公司的基金推荐信息、自身的承受能力、时间等多种影响因素，筛选适合自己的基金产品。同时，投资

者也可以通过查看基金的年度报告、基金公司官网等，了解基金产品的历史表现、费用等信息，做出更加科学的决策。

4. 签署风险警示书

在基金经理向投资者做了风险警示后，投资者要配合签署风险警示书。投资者在提出购买风险等级超过自身风险承受能力的基金时，基金经理会出示风险警示书。如果投资者还是执意要购买，那么基金经理还是会满足其需求。但是，投资者很可能会遭受损失，而且这个损失必须由投资者自己承担。因此，如果收到了风险警示书，投资者就需要谨慎考虑这只基金是否真的值得购买。

5. 合格投资者确认

在签署风险警示书后，投资者需要提供必要的资产证明文件或者收入证明，以证明自己符合购买该基金的要求。

6. 冷静期

在双方的交易程序完成后，投资者需要签署基金合同。基金合同内需要约定不少于24小时的投资冷静期。在冷静期内，基金公司不得主动联系投资者，而投资者可以在冷静期内解除基金合同，并拿回全部此前支付的认购款项。冷静期可以从签署基金合同和投资者支付认购款项之后算起，也可以由双方自行约定。

7. 资料归档

在上述步骤结束后，投资者签署的材料，以及录音、录像等关键证据会被基金经理保留。保留的期限至少为20年。

基金理财其实就像种树。如果事先不对树本身的生长特性以及当地能够提供的生长环境进行细致而全面的了解，那么很难想象树可以长得根深叶茂。同理，基金能不能产生丰厚的收益，不在于投资者的主观愿望，而在于投资者对基金公司和基金经理的深入了解程度，以及能否基于此做出理性选择。

第十一章
基金理财：用基金定投平衡市场波动

11.2 基金定投的3种方式

基金定投的方式很多，包括定期定额定投、定期不定额定投、价值定投等。这些投资方法的操作方式不同，对投资者的要求也不同，因此投资者要认真选择。

11.2.1 定期定额定投：普通定投

严格意义上来说，定期定额定投的定义是投资者向指定的基金销售机构提出投资申请，并事先约定好每期的扣款日、扣款金额、扣款方式及所投资基金的名称，由该销售机构于约定的扣款日，在投资者指定的银行账户内自动完成扣款及申购的一种基金投资方式。

定期定额定投是基金定投中最常见的一种方法，也是最基本、最简单的一种定投方法。其与传统定投一样，选定一个具体的时间，每个时间周期都固定地扣除一定的金额，因此也被称为平均法。绝大部分基金平台可以执行定期定额定投计划，设定日期和金额，然后从账户中自动扣款。

这种方法最大的优点就是简单方便、容易上手。它只需要投资者在每个时间周期内投入相同份额的资金，为投资者提供了一种简单、易操作的投资方式，不需要投资者有丰富的投资经验，非常适合刚刚接触定投的新手。

定投新手缺乏投资经验，可以用这种简单的定投方法约束自己的定投交易行为，在长期的定投过程中感受市场波动，形成良好的交易心态，通过实践学习交易知识。因此，定期定额定投是所有方法中最容易坚持的一种。

定期定额定投的方法对于资金的要求是固定的，投资者更容易进行资金管理。但如果投资者的收入波动较大，定期定额定投就不具备可操作性了。另外，这种定投方法的缺点在于货币会贬值，如果投资者的收入在增加，而投资金额一直保持不变，收益将无法实现最大化。并且随着货币的贬值，同

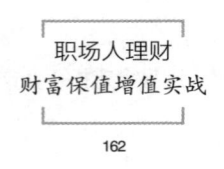

样的金额过段时间能买到的基金份额会变少。所以从长期来看，在这种定投方法下，投资者能够买到的基金份额会越来越少。这种定投方法也很难针对市场情况进行调整，同时随着投入金额的增加，在投资后期容易出现钝化的情况，即每期增加的投入金额即使越来越多，成本降低幅度也会越来越小。

所以，如果投资者对投资收益有更高的要求，最好不要长时间一直采用这种定投方法，每过一两年，投资者可以适当上调定投的金额，或者对投资策略进行适当的调整。

11.2.2 定期不定额定投：自由选择扣款金额

在定期定额方式下，无论股市处于高位，还是低位，投资者的投资金额都相同。但总有一部分投资者想拥有更大的调整空间，希望可以在基金价格高位时少买一些、在低位时多买一些。为了满足这类投资者的需要，各大基金公司便推出了定期不定额的投资方式。

定期不定额定投的时间或周期固定，但投资者每期投资的金额不固定，投资者可以根据市场的情况，调整每次定投的金额。

定期定额与定期不定额最主要的区别在于：前者每次的扣款金额是固定的；而后者则依赖于市场的波动程度，由投资者在一定幅度范围内自行设定不同的扣款金额，在基金价格高位时买入较少的基金份额或停止买入，而在基金价格低位时买入较多的基金份额。

定期不定额定投有许多细分的种类，常见的有以下2种：

1. 按收入百分比定投

投资者可以根据每月的收入按一定的比例确定投资金额，工资增长时投资金额也随之增加。

2. 根据基金价格调整金额

投资者可以在基金价格高时少买，在基金价格低时多买，摊低平均成本，

第十一章
基金理财：用基金定投平衡市场波动

而且上涨时可以获得更高收益，下跌时也更安全些。这种调整金额的方式与按收入百分比定投相比更为实用。

定期不定额定投每期的扣款时间不变，但每期的扣款金额将根据选择的指数和均线进行灵活调整。当证券市场指数低于该指数均线时，系统会按投资者选择的级差自动增加每月扣款金额；反之，则自动减少每月扣款金额。即在基金净值较低时增加投资金额，获得更多份额；反之，减少投资金额，从而更好地降低长期投资成本，分散投资风险，获得更好的投资效果。

11.2.3 价值定投：按均线浮动选择买入比例

价值定投即价值平均策略定投，其是以市值为目标，要求每个月的市值达到一个预设的数值。投资者给账户的基金市值设定一个预期目标，每月定投时要保证基金市值达到这个目标。如果基金市值下跌，达不到预期目标，则增加投入资金补足；如果基金市值上涨，超出预期目标，那就减少投资或卖出一部分基金以降低市值。

例如，投资者预期每月的基金市值增加 1000 元，第一个月投资 1000 元，到了定投日期时基金市值涨了 100 元，这样所持基金总市值为 1100 元，所以第二个月只要定投 900 元，就可以持有 2000 元市值的基金。第三个月定投时，如果基金总市值跌到了 1700 元，那么投资者就需要投资 1300 元，这样就能保证第三个月 3000 元总市值的基金持有量，以此类推。

价值平均策略的优点在于有固定的交易规则，投资者只要严格执行就好，可以降低失误风险。其缺点在于，如果短期内基金大跌，那么投资者需要准备大量的资金定投；如果基金持续上涨，那么投资者卖出会损失部分收益。

投资者无论采用哪种投资方法、投资什么种类的基金，最终目的都是稳定地获得利润。因此，投资者需要根据实际情况灵活运用、适时调整投资方法，以实现收益最大化。

11.3 基金的交易法与价值判断

虽然基金定投被称为"懒人理财",但投资者也需要了解购买基金的一些注意事项,避免基金被套牢。

11.3.1 未知价交易

基金的未知价交易是由于基金只有在当天收盘时才能计算出净值,因此投资者在申购或赎回基金时无法知道成交价格。只有在交易时间结束后,申购或赎回的价格才能够以净值为基准进行计算。所以投资者在当天申购或赎回基金时,只能通过上一日的净值来推断当日交易的价格。

而之所以采取未知价交易法,是为了避免有些盯盘的投资者或专业机构根据当日的市场情况决定买卖,进而影响其他普通投资者的利益。

如果开放式基金采取历史价交易法,即当日的交易价格按照上一日的基金份额资产净值计算,那么在当日基金价格上涨的情况下,投资者只需要按照上一日净值付出较少的资金就能够获得当日上涨后的净值。而在当日基金价格下跌的情况下,投资者按照上一日净值赎回还可以避免当日的损失。

历史价交易法可能会引发套利行为,对基金的长期投资者不利,更不利于基金交易市场的稳定。因此,我国开放式基金都采用未知价交易法。

11.3.2 先进先出,分批赎回

基金业务中的先进先出原则是指投资者多次购买同一只基金,在办理赎回业务时,会按照购买的时间顺序赎回,即先购买的先赎回。

先进先出原则是基金卖出时的常用原则。在时间跨度较大的背景下,坚持先进先出原则能够为投资者带来更多的收益。先进先出原则也可以让投资者更好地掌握市场规则的变化,把握基金卖出的时机。同时,先进先出原则

第十一章
基金理财：用基金定投平衡市场波动

可以避免投资者过度卖出长期持有的基金，保持持有基金的稳定性。此外，投资者需要注意，当投资者想要快速回收资金时，先进先出原则并不适用，因此，投资者也需要根据自己的需求调整基金策略。

投资者可以分批赎回基金，但是有最低份额限制。

非货币基金按照份额进行赎回，申请赎回份额精确到小数点后两位，每次赎回份额不得低于 1000 份，基金账户的剩余份额不得低于 1000 份。如果进行一次赎回后，基金账户中的基金份额将低于 1000 份，应一次性赎回。如果因分红再投资、非交易过户、转托管、巨额赎回、基金转换等原因导致账户剩余份额少于 1000 份，不受此限制，但再次赎回时必须一次性全部赎回。

投资者赎回货币基金时，单次赎回的最低份额为 1000 份。任何基金账户内的剩余基金份额不应低于 10000 份。如果进行一次赎回后，基金账户中货币基金剩余的份额将低于 10000 份，那么应一次性赎回。

11.3.3 金额申购，份额赎回

由于我国开放式基金采用未知价交易法，而且资金买卖流通的基础是基金单位资产净值，所以为了申购和赎回时交易方便，我国基金交易普遍采用金额申购与份额赎回的方法。

金额申购是指投资者在购买基金时按照购买金额提出申请，例如购买 500 元的基金或购买 1000 元的基金。

份额赎回是指投资者在卖出基金时按照卖出份额提出申请，例如卖出 1123 份基金或卖出 1567 份基金。

基金交易采用这种原则的原因是，无论申购，还是赎回，都是以有效申请当天基金交易市场结束后的净值计算的，一般申购或赎回申请都是在基金交易市场结束前，也就是每份基金的净值还不能确定。所以申购只能按金额，因为份数不确定；赎回只能按份数，因为金额不确定。

11.3.4 如何判断基金价值

虽然在众多投资方式中基金属于较为稳健的一种，但投资者依然需要警惕很多"坏"基金。为了降低交易风险，投资者必须学习判断基金价值的方法。具体来说，投资者可以从以下几个方面入手：

1. 盈利能力

做出正确的基金业绩评价是进行基金投资的一个重要前提。投资者需要先选择基金，而选择基金就是要选择业绩表现好的基金，没有人投资基金是为了亏损。基金业绩评价也需要一定的方法和标准，通常投资者可以参考以下4个指标来判断基金的业绩：

（1）总资产净值。总资产是根据基金组合中现金、股票、债券等有价证券的总价值来计算的，一般以证券交易所公布的当日收盘价为计算标准，因此总资产基本每天都会产生波动。如果一只基金的总资产净值处于增长状态，那么该基金的业绩较好，可以进行投资；相反，这只基金的风险较高。

其计算公式为：

$$总资产净值 = 总资产 - 总负债$$

总资产净值由总资产减去总负债得到，资产总额必须减去基金发放利息和股息时应支付的利息和股息之和。基金负债主要是指从银行间同业拆借市场借入的资金、支付给基金公司的管理费以及托管机构的托管费等必要费用。

基金总资产净值的增长来自3个方面：投资收益（利息、股息收益和资本增值）、基金吸收额的增加和费用的减少。其中最重要的是投资收益。如果基金经营状况良好，投资收益高，将会吸引更多的投资者投资基金，使基金的总资产净值高于平均水平。

（2）单位基金资产净值变化。单位基金资产净值等于基金总资产减去总负债的余额除以基金单位总数。

第十一章
基金理财：用基金定投平衡市场波动

其计算公式为：

$$单位基金资产净值 = (总资产 - 总负债) \div 基金单位总数$$

这里的基金总资产是指基金包含的所有资产；总负债是指基金在经营和筹资过程中形成的负债，包括应付给他人的各项费用和应付资本利息等；基金单位总数是指当年发行的基金单位总数。

（3）投资报酬率。投资报酬率是指在投资者拥有基金的一段时间内，基金价值的增长比率。对于投资者来说，投资报酬率越高，则说明基金的盈利效果越好，投资者获得的收益越多。

其计算公式为：

$$投资报酬率 = (期末净资产总值 - 期初净资产总值) \div 期初净资产总值 \times 100\%$$

相对于开放式基金而言，不需要将投资所得进行提取，而是继续进行下一轮投资，这时投资报酬率的公式略有不同，即：

$$投资报酬率 = (期末净资产总值 - 期初净资产总值 + 利息 + 股利) \div 期初净资产总值 \times 100\%$$

（4）夏普比率。夏普比率的作用是衡量基金绩效情况，它的计算方法很简单，其计算公式为：

$$夏普比率 = (基金净值增长率平均值 - 无风险利率) \div 基金净值增长率的标准差$$

它的优点在于对投资的风险与收益进行综合性考虑，如果计算结果为正，说明基金增长率高于风险比率，即在这种情况下适合基金投资。数值越大，基金投资报酬率越高。

2. 获取超额收益的能力

超额收益可以被理解为风险溢价，即在平均收益的基础上获得更多收益，而这也伴随着更多风险。投资者想要获得超额收益，就要关注基金的持续性及稳定性。从整体来看，主动股票 + 强股混合型的长期超额收益表现相对较好。

基金的超额收益也存在波动性。排除仓位的影响，股票仓位相对较高的主动股票和强股混合型两类产品，连续两年在超额收益排名中排在前50%。实际上，在排除契约的影响之后，基金的超额收益同样会受到市场趋势、基金经理变更等一系列因素的影响，存在不确定性。

随着行业不断发展，基金数量不断增多，投资者将有更多选择，但同时选择的难度也有所增加。许多机构便开始关注一些超额收益稳定的基金，投资者在实际投资中可以关注机构的选择动向，并以此作为参考。

3. 抗风险能力

投资者在选择混合型基金时，还要重点关注基金的抗风险能力。一般情况下，基金的抗风险能力取决于基金中的股票是否分散，以及基金经理对股票市场行情的分析是否准确。如果基金中的股票全部集中在一个行业中，当该行业的股市震荡时，这只基金就会受到很大冲击；如果基金经理对股市行情判断不准确，同样会对基金持有者造成不利影响。

在选择基金经理时，投资者可以从亏损频率和亏损幅度来分析基金经理的实际能力。只有将亏损频率与亏损幅度控制得比较好的基金经理才能帮助投资者获得长期稳定的回报。

通过基金的最大回撤数据，我们可以判断其风险程度。最大回撤是衡量基金风险的一个重要指标，可以理解为可能发生的最大亏损幅度。它反映的是在选定周期内任一时点，相对往后产品净值的最低点时收益率回撤幅度的最大值。因此，最大回撤用来描述买入产品后可能出现的最糟糕的情况。通过这一指标，可以判断该基金的风险是否超过了我们的承受能力，从而对基金进行筛选。

第十二章

股票理财：打好组合拳，股市下跌也能"软着陆"

第十二章

股票理财：打好组合拳，股市下跌也能"软着陆"

股票是一种有价证券，是股份公司为募集资金公开或私下发行的，证明出资人身份的凭证。股票代表股东对股份公司的所有权，每一股同类型股票的所有权都是相等的。股票的投资风险高、收益高，适合成熟的投资者。

12.1 看懂流程，快速入市

在投资股票之前，我们要先明确股票投资的流程，熟悉开户、看盘、买入、卖出的方法和技巧。

12.1.1 开户：线上与线下

1. 开户

股票开户是投资者进入股市的第一步，任何新进入股市的投资者在买卖股票之前都需要在证券公司开设自己的账户，并与银行建立相应的业务关系。

股票开户分为现场开户与非现场开户两种。现场开户是指投资者在证券公司营业部柜台办理开户；非现场开户包括见证开户、线上开户等形式。其中线上开户是投资者自主开户的形式，投资者通过证券公司指定的电子认证服务机构申请数字证书，以此为基础在网上办理开户手续。

线上开户与线下开户两种方式各有利弊，投资者可以根据自身情况选择。线上开户的优点包括耗时短，几分钟内便可以完成办理；支持24小时全天候办理；支持随时退出；方便投资者全面了解开户协议信息；开户佣金低等。

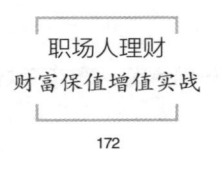

线上开户的缺点是虚拟化程度高,信任感低。

线下开户的优点是安全性高。缺点包括耗费时间长;需要在工作日办理;选择面狭窄;交易佣金高等。

线上开户流程如图12-1所示。

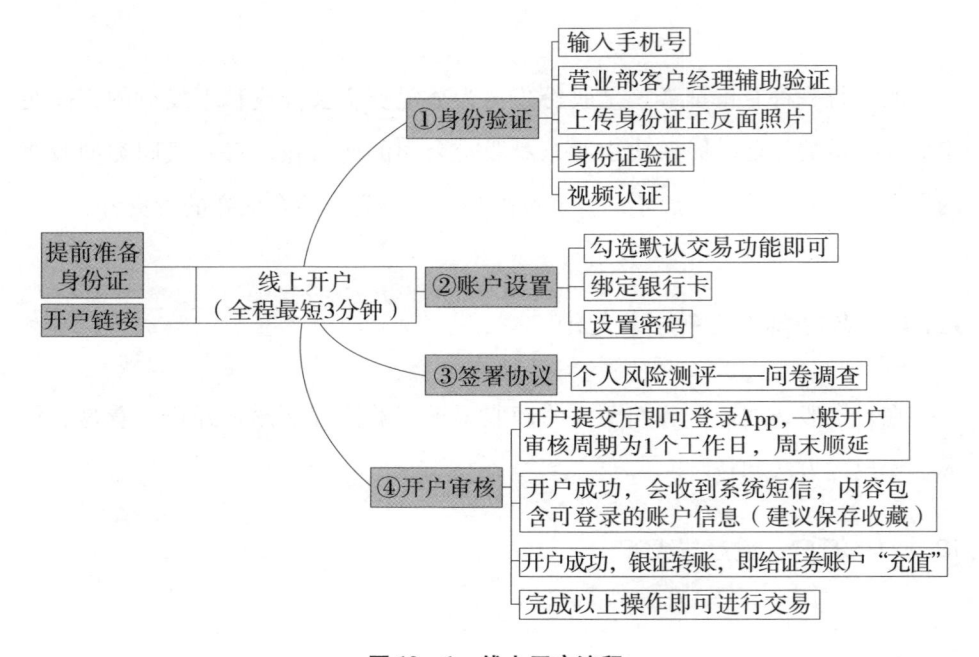

```
提前准备       线上开户         ①身份验证 ─┬─ 输入手机号
身份证    ──  (全程最短3分钟)             ├─ 营业部客户经理辅助验证
开户链接                                   ├─ 上传身份证正反面照片
                                          ├─ 身份证验证
                                          └─ 视频认证

              ②账户设置 ─┬─ 勾选默认交易功能即可
                        ├─ 绑定银行卡
                        └─ 设置密码

              ③签署协议 ─── 个人风险测评——问卷调查

              ④开户审核 ─┬─ 开户提交后即可登录App,一般开户
                        │   审核周期为1个工作日,周末顺延
                        ├─ 开户成功,会收到系统短信,内容包
                        │   含可登录的账户信息(建议保存收藏)
                        ├─ 开户成功,银证转账,即给证券账户"充值"
                        └─ 完成以上操作即可进行交易
```

图12-1　线上开户流程

在开户之前,投资者要准备好身份证,通过开户链接进入开户界面。

进入开户界面后,首先,投资者需要通过身份验证,确保是本人开户。这一环节需要输入手机号获取验证码,由营业部客户经理辅助验证,上传身份证正反面照片,再通过视频认证。这一环节主要是为了确保是本人开户,而非他人盗用投资者的身份信息。

其次,投资者要设置账户的功能,绑定银行卡用来划转股票账户中的资金。

再次,投资者要做一份个人风险测评,确定自己能不能承担投资风险并

第十二章

股票理财：打好组合拳，股市下跌也能"软着陆"

签署相关协议。

最后，投资者提交开户申请后，有1个工作日的审核期。审核通过即开户成功，系统会将账户信息发送至注册的手机号中。投资者登录账户即可进行资金划转、交易等操作。

投资者无论最终选择哪种方式开户，都不能忽视证券市场中潜藏的风险，在进行交易前一定要做好充分的准备。

2. 掌控市场风险的方法

投资者在证券市场进行投资时需要明确市场风险，正视风险可能造成的后果，尽力规避风险。投资者可以从以下5个方面入手掌控市场中存在的风险。

（1）掌握证券知识。证券市场的变化不易把握，投资者在进行投资前，需要了解相关的知识与投资风险，并且根据自身条件与心理承受能力选择合适的投资方式进行风险投资。这样做不但可以规避风险，还能使投资者获得的收益最大化。

（2）认清环境，把握时机。股价的涨和跌与经济、社会环境的好坏有密切的关系。经济越繁荣，政策越好，社会环境越稳定，那么股价上涨越明显、越持久。反之，股价则会下跌。

投资者在进行投资之前需要认清市场环境与行业发展方向，不要与大方向背道而驰，这样才能保证资本保值增值。

（3）选择合适的投资方式。投资者应该根据自身的经济条件与心理承受能力，选择能够满足自身需求的股票类型。以稳定盈利为目的的投资者可以采取长期投资的方式；没有过多时间关注投资情况，但是有资本与经验的投资者可以选择中期投资方式；有充裕的时间与丰富投资经验的投资者可以选择短期投资方式。

（4）制订投资计划。在风云变幻的金融市场中，投资者不应该将注意力仅集中在股价的涨跌上，而应该更加注重对各类投资信息的收集，并根据信

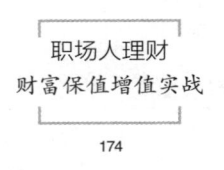

息与自身情况，进行投资计划的制订。这样不但可以保证投资的正确性，也可以分散与规避风险。

在进行具体的投资操作时，投资者可以将资金分为3份，进行3次投资：将第1份资金用于先锋投资，将第2份资金用于筹码投资，将第3份资金用于补充投资。

（5）选择投资标的。投资标的的选择也是投资者在投资之前需要重点考虑的问题。投资标的正确，可以更好地保证资产的保值与增值。

投资者要根据投资时的经济、政治、社会环境，以及自身条件和心理承受能力来选择正确的投资标的。

综上所述，投资者在进行股票投资时，需要了解投资知识，正确认识风险，根据市场环境与自身情况进行风险投资。这样不但可以使投资者更好地掌控股票风险，还能实现资产的保值与增值。

12.1.2 看盘：股票的价格、走势

股票看盘就是指投资者根据各种技术指标来判断股票未来走势的行为。看盘一般有3个步骤，如图12-2所示。

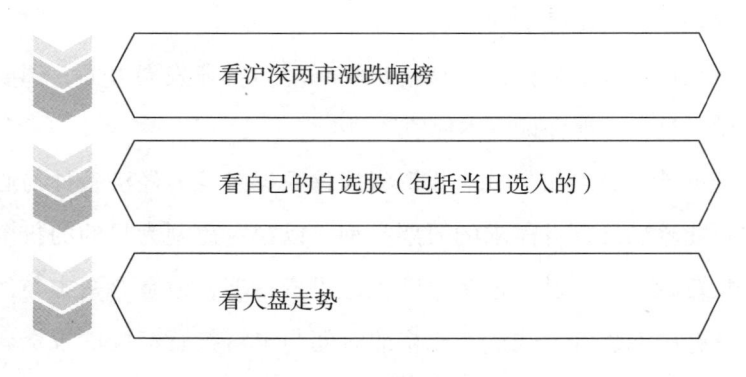

看沪深两市涨跌幅榜

看自己的自选股（包括当日选入的）

看大盘走势

图12-2 股市看盘的3个步骤

良好的盘感是投资股票的必备条件，而盘感需要靠训练逐渐培养。那么，

第十二章

股票理财：打好组合拳，股市下跌也能"软着陆"

投资者怎样才能提升自己的投资能力？怎样降低股票市场价格变动给自己带来的影响呢？

1. 了解市场

在投资前，投资者需要了解所要投资的股票项目以及其市场情况，其中包括了解和该股票项目有关的国家政策、经济政策、法律因素等。

例如，某国近期出台的某项政策是对某种产品进行抵制或者减少进口与出口，那么涉及这种产品的公司股价一定会有所变化，这是不可避免的影响因素。

投资者应该熟知影响股票价格变动的因素，尽量避免这些因素给自己的投资带来不良影响。

2. 交易适当

某些上市企业的股票价格一直处于不断波动的状态，而拥有此类股票的投资者过分在意它的波动状态，不停地买入与卖出，希望在多次交易中赚取差价，却往往事与愿违。

例如，谭女士将自己的资金交予某资金机构进行股票投资，这家资金机构的经理人是一位稳健的投资者，不是很在意股票的持续波动，最终为谭女士赚取了丰厚的投资利润。

而后，谭女士的朋友陈先生也来找这位经理人进行股票投资，然而陈先生过分在意股票的波动状态，不听从经理人的建议，反复在价格上涨时快速买入，在股价下跌时快速卖出。最终，在多次交易后，陈先生不但没赚到钱，还赔了不少。

由此可见，过于频繁地买卖不但不能赚取丰厚的利润，而且会给投资者造成损失。

3. 注意止损单

止损单是指当股票价格上涨或者下降到一定程度时，触发止损单，进行自动买入与卖出。止损单可以保障投资者在市场中的基本利益，减少损失，降低风险，所以投资者在进行股票投资时应该配合止损单进行交易操作。

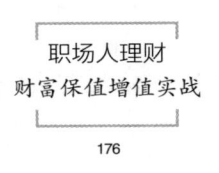

例如，投资者杜女士拥有丰富的股票投资理论知识，但由于缺乏实践经验，她对自己的投资判断与交易能力不是很自信。经专业人士建议，她在每次投资股票项目时都使用止损单。尽管股价不断波动，但是杜女士都能顺利进行交易，赚钱的时候有收益保障，赔钱的时候也有止损意识，杜女士大部分时间处于稳赚不赔的状态。

或许在风云变幻的股市中获得利润有运气的成分在，但是杜女士遵守规则，设置了止损单，从而有效规避了风险。

投资者要做好以上3个方面，这样即使不能获得丰厚的利润，也能保证风险可控，起码不会落得血本无归。

但是值得注意的是，投资者需要以平和的心态去看待股票投资，不能过于在意得失或者选择不符合自身条件的股票投资项目，否则由此造成的损失往往是无法挽回的。

总之，投资者需要认清自己，对自己的财富、性格、心理承受能力等有所了解，从而根据自身条件学习相应的投资知识，选择适合自己的投资方式。

12.1.3 买入：MACD 买入法

很多投资者在进入股票投资市场前，都会深入了解、学习沃伦·巴菲特和彼得·林奇的投资智慧。沃伦·巴菲特和彼得·林奇都是著名的投资大师，他们追求的是长期、稳健的收益，他们管理的是上亿元的资产。

投资者可以学习他们的投资智慧，但是仅可作为参考，因为那些投资技巧可能并不适合普通投资者，也和普通投资者的投资目标与需求不匹配。

那么在学习了他人的投资智慧后，投资者要怎样把握进入股市的契机呢？

以中国的股市为例，沪市和深市是两大股市交易所，二者的交易频率基本相同。但是随着中小板和创业板的涌入，两者也出现了很多不同。投资者如果选择进入这两个交易所，需要知道沪市中多为央企和国有企业，它们受宏观政策的影响很大，深市中多为民营企业，它们受行业市场发展因素的影

第十二章
股票理财：打好组合拳，股市下跌也能"软着陆"

响颇大。

这些都会成为影响股价不断变动的要素，投资者需要找到波动中的契机再选择进入。寻找这个契机需要的是预判能力，投资者投资股票市场最终的收益方式一定是"低买高卖"。而这种预判能力体现在预判买入时价位是否足够低，一段时间后股票价格会不会上涨。预判的正确率是投资者收益的保障。很多时候预判以股票过去的走势为参考依据。下面为投资者提供2种预判进出市场契机的方法。

1. 顺势操作

顺势操作多指金叉/死叉战法。

短期均线向上穿越长期均线叫金叉，金叉是买入股票的信号，柱体由绿色变为红色，由空头转为多头；短期均线向下穿越长期均线叫死叉，死叉是卖出股票的信号，柱体由红色变为绿色，由多头变为空头。

简而言之，出现金叉通常代表之后这只股票的价格会上涨，此时应当买入；而出现死叉则代表市场即将回落，此时应该卖出，以保证利益最大化。

2. 逆势操作

逆势操作多指顶底背离战法。

顶背离是指股票价格在不断上涨，但是红柱的顶峰趋势在不断下降，这表明股票价格将在高位进行翻转，这是股票价格下跌的信号，投资者需要将股票卖出。

底背离是指股票价格在持续下跌，但是绿柱的顶峰走势在不断升高，这表明股票价格将在低位进行反弹，这是股票价格上涨的信号，投资者需要买入股票。

在实际股市中，并不能确定背离的状况什么时候会出现，以及时间有多长、频率有多高，但是可以肯定的是，顶背离次数少于底背离次数，而且背离越严重，时间越久，反转的可能性越高。

以上这两种方法被统称为MACD，广大投资者经常使用这种方法。

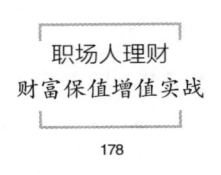

MACD的两种投资预判方式可以很好地帮助投资者确定进入股票投资市场的关键点，在股价上涨时为投资者带来收益，在股价下跌时为投资者止损，保障投资者股票投资的利益。

12.1.4 卖出：利弗莫尔市场操作法则

在动荡的股市中，找准股票卖出的时机和买对股票同样重要。一般来讲，我们需要注意以下5个卖出信号。

（1）K线高位出现十字星。十字星是K线的一种特殊形态，表示一个周期内开盘价与收盘价相同或相近，在形态上表现为没有实体，只有上下影线。

（2）MACD出现死叉。

（3）高位出现巨大成交量。

（4）股价跌破5日均线。

（5）股票高位出现大阴线。大阴线也叫长阴线，是指股票以最高价开盘，最低价收盘。

在投资市场，股票投资的风险最大，有些人可能一夜暴富，有些人可能倾家荡产。但是，时至今日，股票交易大厅里依旧人声鼎沸，前来交易的人络绎不绝。可见，人们追求财富的热情从未降低，而是日渐增长。

著名投资家杰西·利弗莫尔的名声享誉全球，他曾是纽约华尔街投资界的传奇人物。他的天赋让他在股票市场如鱼得水。他曾经在1929年大盘崩盘后，做空获利了1亿美元，从此声名鹊起。他不断研究并实践股票交易，最终创立了一套利弗莫尔市场操作法则。

如果投资者选择投资股票，那么就可以参考利弗莫尔市场操作法则来进行实际操作，这会对投资者的投资有很大帮助。下面具体介绍利弗莫尔市场操作法则。

首先，利弗莫尔认为股票投资是一个严峻的挑战，投资者需要认真地研习。在进行股票投资前，投资者要从市场的角度出发进行分析、判断，预测

第十二章
股票理财：打好组合拳，股市下跌也能"软着陆"

大众的心理反应。虽然各种意见和建议会出现偏差，但是市场形势反映的股票走势是不会出错的。如果投资者购买的股票价格处于上涨阶段，可以让利润在股市中继续流动，创造更高的价值。

其次，利弗莫尔认为一年中只有几次最佳的投资盈利时机，投资者不应该选择日日投机，不放过每一个交易日，因为这种方式是十分不可取的。投资者如果尽心关注每一场交易，就容易错失真正重要的股票市场交易机会。投资者还要认真研究交易行情，明确影响股票价格变动的要素。真正有价值的行情走势会持续一段时间，而不是转瞬即逝，投资者不用过于着急投入股市。

再次，利弗莫尔不希望投资者运用股海战术进行投资，因为并不是手中握有的股票越多收益就会越高，股票是有风险的，将所有资金投入股市很可能会血本无归。他希望投资者关注行情最突出、最重要的那几只股票即可。运用市场给出的信号，并结合时间要素进行投资，能使投资者更好地规避风险，获得收益。

最后，利弗莫尔告诫投资者应该将每一次成功平仓之后的交易所得积累起来。这种积累主要指两个方面：一方面是资本的积累，投资者应该将收益的一部分储存起来，使之成为积蓄，这样无论交易成功或失败，都能够保障投资者很好地生活下去；另一方面是经验的积累，每一次股票交易都是一场实战，无论是成功的喜悦，还是失败的教训，投资者都应该予以记录和反思，这样才能更好地总结教训，更好地投入下一次交易。

其实股票投资市场的变化因素并不多，股价的波动存在一定的规律，虽然每个行业的具体情况略有不同，但是它们的价格形态是相同的。

利弗莫尔早期对于价格震荡比较敏感，但进行价格记录之后，他发现在一定的时间周期内，去掉一些微小、不规则的股价波动，便形成了价格形态。后期经过持续关注与验证，他认识到对股票行情的变化来说，时间因素至关重要，合理地把握股市行情的时间性周期变动规律，能够更好地进行投资，获得收益。

下面将对利弗莫尔市场操作法则举例讲解。

投资者需要准备一张表格，表格中包含股票名称以及价格变化趋势两个因素，如表12-1所示。

表12-1　　　　　　　　利弗莫尔市场分析

股票名称	次级回升	自然回升	上升趋势	下降趋势	自然回撤	次级回撤
股票1						
股票2						
股票3						
股票4						
股票5						

利弗莫尔不是通过单只股票来判断股票市场的整体变化趋势，他是将不同的股票结合在一起，判断它们的整体变化情况。因此通过利弗莫尔市场分析表格，投资者可以准确看到股票的市场行情与变化趋势。

很多投资者可能没有涉足过海外股票市场，所以对于这种投资方式的有效性多少有些怀疑，对自己也没有自信，但其实有很多经典书籍和金融课程为投资者指引道路，投资者可以学习其中的原则和经验。然后投资者可以根据所学进行尝试性投资，大胆试错，有了实践经验的积累后就可以更好地进行投资了。

投资者根据利弗莫尔市场操作法则进行股票投资，并且立足于行业市场的实际情况，结合大众投资心理预测，可以在海外投资市场中获得可观的收益。但是，投资者需要注意："股市有风险，入市需谨慎。"

12.2　2分钟看懂K线图

K线图是股票市场常见的反映市场变化的数据图，它可以反映市场趋势以及每日的市场波动情况。但是K线图十分复杂，阴线与阳线变化繁多，投

第十二章
股票理财：打好组合拳，股市下跌也能"软着陆"

资者想要读懂它，需要充分学习。

12.2.1　K线图的构成

K线又称阴阳线、棒线、红黑线或蜡烛线，其4大构成要素为股票开盘价、收盘价、最低价和最高价。

K线作图方法是以交易时间为横坐标，以价格为纵坐标，将每日的K线连续绘出即成K线图，如图12-3所示。

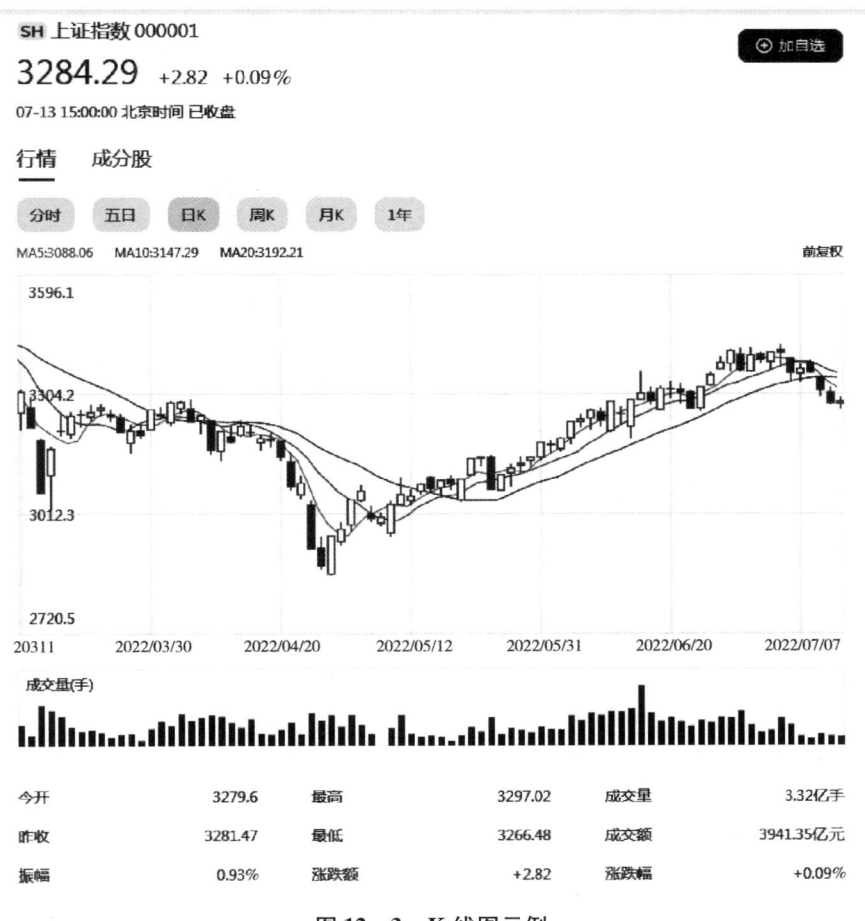

图12-3　K线图示例

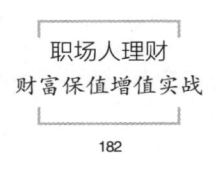

K线图包括日K线图、周K线图等多种形式。下面以绘制日K线图为例讲述如何绘制K线图。绘制日K线图时,我们首先要确定当日的开盘价与收盘价,并将它们之间的部分画成矩形实体。如果收盘价高于开盘价,那么K线就被称为阳线,以空心或红色实体表示;反之,K线则被称为阴线,以实心或绿色实体表示,如图12-4所示。

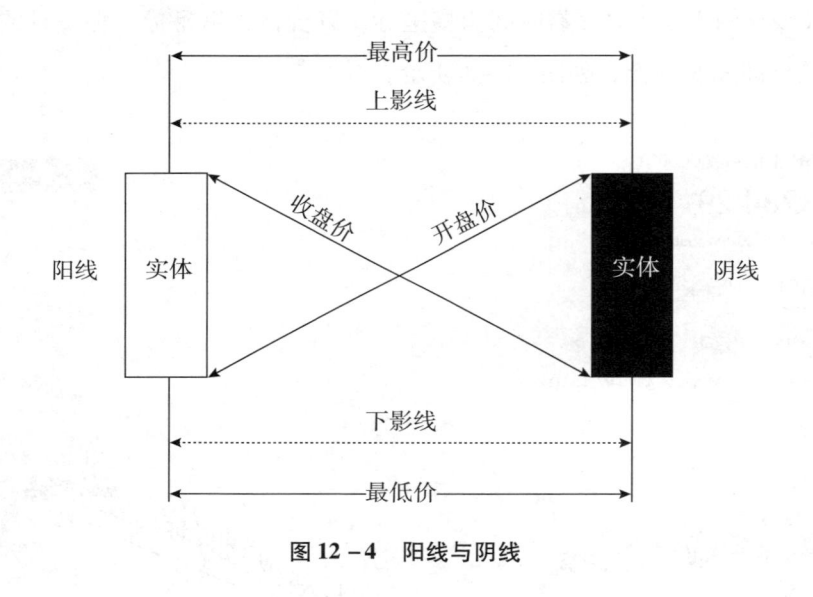

图 12-4　阳线与阴线

在中国的股票和期货市场中,红色代表阳线,绿色代表阴线;而在外汇市场中,绿色通常代表阳线,红色通常代表阴线。如果将最高价与最低价分别与实体相连,那么最高价与实体之间的线是上影线,最低价与实体之间的线是下影线。

12.2.2　阴线与阳线表示的信息

在K线图中,阴线和阳线都代表股价的发展趋势。以阳线为例,阳线代表股价继续上涨的趋势,也就意味着收盘价会高于开盘价,在没有外力干扰的情况下,阳线将始终保持上涨的趋势,最起码能够保证在下一阶段初期,

第十二章
股票理财：打好组合拳，股市下跌也能"软着陆"

这只股票依旧能以惯性继续上冲。

这一分析方法符合股市三大假设之一的股价沿趋势波动的假设，这种顺势而为也是股市技术分析最核心的思想，同理可得阴线代表继续下跌的趋势。

12.2.3　K线实体大小与上下影线长短

K线实体代表股价变化的内在动力，实体越大，上涨或下跌的趋势越明显。以阳线为例，阳线实体越大，说明股价上涨的动力越足。同理可知，阴线实体越大，说明下跌趋势也会越猛烈。

在K线图中，影线代表转折信号。如果影线向一个方向延伸得越长，那么就越不利于股价向这个方向变动。例如在经过多空斗争之后形成上影线，多头败下阵来，此时无论K线是阴线还是阳线，上影线都已经构成了下一阶段的上涨阻力，股价下跌的概率较大。同理可知，下影线预示着股价上涨的概率较大。

12.2.4　成交量与K线及其组合

成交量表示多空双方博弈消耗力量的大小和激烈程度，K线则是博弈的结果。投资者如果只分析K线组合，不看成交量，是不能对后期市场的走势做出正确判断的。要想了解每条K线的内在动力，投资者必须结合成交量来分析。

例如，当出现长下影线时，代表多头方支撑力强。这种K线如果出现在股价下跌末期，并配合成交量放大，则表明股价可能会反弹。如果这种K线出现在股价上涨末期，并配合大成交量，则表明股价可能会下跌，投资者应择时机卖出。当出现长上影线时，代表卖压非常大。如果这种K线出现在股价上涨末期，并配合大成交量，则证明股价一时难以突破，可能会回跌。

在实际的操作过程中，仅依靠K线还无法对市场趋势做出准确的判断，投资者需要掌握互相验证原则，对趋势、形态、成交量等因素进行综合分析之后才能得出较为可靠的判断。

12.3 正确操作，规避风险

相比其他理财方式，股票的收益更高，风险也更大。因此，投资者要加强学习，了解更多股票投资的注意事项，做好风险管理。

12.3.1 如何选择投资方法

根据投资者准备在股票投资市场中投资时间的长短与盈利方式的不同，股票投资方法大致可以分为3种：短线投资法、中线投资法、长线投资法。

1. 短线投资法

投资者若能掌握大盘变动中的短线投资法，那么，未来在股票行情变化时亦能轻松应对。

当大盘持续下跌时，投资者应该积极选股，这可以为未来大盘呈现涨势时快速购买股票打下良好的基础。当大盘相对稳定时，投资者需要再度审视拥有的股票，判断其涨幅尺度，以便随时应对突发情况。

投资者需要注意的是，使用短线投资法时需要关注30分钟和60分钟KDJ指标，即随机指标。短线股票的买卖过程相对较短，要想做好短线股票投资，投资者需要付出精力好好研究相关知识与方法。

2. 中线投资法

中线投资法是一种不错的投资方式。投资者在进行股票中线投资时，需要注意以下两个方面。

首先，投资者需要了解选中的股票的历史趋势。投资者要对选中的股票所处的行业市场进行调查，了解其所处的市场大环境，在此基础上判断股票价格的未来走势，再做出投资决策。

其次，投资者要了解股票市场的小环境。小环境包括所投股票背后企业的发展状态、股民的心态与行为等。如果股票价格走势良好，未来发展前景

第十二章
股票理财：打好组合拳，股市下跌也能"软着陆"

可期，股票市场的小环境也不错，股票企业蓬勃发展，股民纷纷跟投，那么这时就是最好的投资时机。

3. 长线投资法

很多资产雄厚而且不急于获取利润，或者想赚取更大利润的投资者，更适合采取长线投资法。那些高分红的蓝筹股更适合长期持有，部分股票每年都会分红或者派息。有多余资产的投资者，在大盘价位较低时，可以买入一部分股票，长年累月持有下去，也能获得不错的回报。下面介绍，长线投资法的运用技巧。

首先，投资者要考虑投资市盈率和市净率长期都比较稳定且很低的大蓝筹股票，这类股票的风险比较低；其次，细分行业之后，大蓝筹股票虽为龙头，具有较强的扩张能力，但价位合理的更加适合投资者选择；最后，选择行业前景优势明显的企业，夕阳产业面临转型，新兴企业未来风险难以预估，因此投资者应该选择处于成长期的企业进行投资，这样不但可以规避风险，还能通过细分市场赚取更多的利润，使资产升值。

以王某的股市投资经历为例来说明。王某是某上市公司高管，其妻子经营一家高档女装店，夫妻二人每年收入共计 50 万元左右。每年固定支出房贷、车贷共计 15 万元，日常生活开支约为 10 万元。当前王某家共有存款约 200 万元。王某想要将一部分存款投入股市用于理财，王某资金周转状况良好，而且不急于求成，属于稳健型投资者。在进行个人投资者风险评估后，理财顾问建议其选择一只可长期持有的蓝筹股。

在经过一番对比、分析后，王某在理财顾问的建议下最终选择了一只新能源股票。因为新能源行业方兴未艾，该股票发行公司是新能源行业的龙头企业，而且它最近刚刚实现了新的技术突破，公司发展前景优势明显。最终王某购买了这只股票，每年都能享受到一定的股票分红。

12.3.2 如何轻松解套

在实际炒股过程中，被套牢是很正常的情况，快速解套的方法一般有以

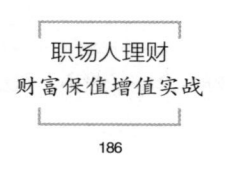

下5种：

（1）实行T+0操作。在A股市场中，如果投资者的股票被套牢，投资者可以采取T+0操作。例如投资者手中有100股股票被套牢，那么在交易日投资者可以再次购买100股，当股价上涨时再将手中的100股卖掉，以此减少股票被套牢的损失。

（2）继续补仓。在股票被套牢时，投资者可以抓住市场机会，及时补仓，将自己的持股成本降低，一旦股价上涨即可回本解套。需要注意的是，补仓要补在上涨趋势而不是下跌趋势。

（3）高抛低吸。此种方式适合满仓被套的投资者。满仓被套的投资者可以趁股价上涨时卖出部分股票，在股价回调时，再次买入同等份额的股票，反复用这种方式实现快速解套。

（4）重仓解救。此种方法风险较大，一旦失败则可能全仓被套牢，因此不到万不得已时，投资者尽量不要使用这种方法。如果投资者的股票被套牢想要自救，可以将手中的其他闲置资金重仓被套股票，让股价上涨，在股价上涨之时再将重仓部分的股票卖掉。

（5）调仓换股。当投资者被套牢的股票是问题股、垃圾股等风险股时，投资者不能抱有侥幸心理再继续持有。此时投资者必须割舍这些股票及时止损，并重新投资一只潜力股，尽可能地弥补股票被套牢的损失。

12.3.3　网络炒股的注意事项

随着网络的发展，很多投资者开始尝试通过网络炒股。网络炒股的优势显而易见，即交易流程简单，投资者可随时观察股市大盘。而且网上交易有正规机构背书，十分安全。但由于很多投资者对于网络炒股的认识仅停留在表层，防范风险的意识较为薄弱，因而也出现过不少买卖失误、盗卖股票的情况。

网络炒股的注意事项如下：

第十二章
股票理财：打好组合拳，股市下跌也能"软着陆"

（1）交易密码要定期更换，不要泄露给其他人。

（2）在进行交易时要确保神志清醒，多次核验股票代码、价位、交易选项，确认无误后方可进行下一步操作。

（3）网络炒股的交易过程会受到网络稳定性的影响，投资者一定要及时查询、确认交易指令是否成功。例如曾有投资者反映，有时电脑界面已经显示委托成功，但证券公司服务器没有收到委托指令；有时显示未委托成功，但再次发起委托后，证券公司服务器接收到两次委托指令，导致重复买卖股票。因此，每一次操作完成后，投资者都要对交易指令进行查询，确认委托指令无误。

（4）交易结束后要及时手动退出交易系统。

（5）可以开通电话委托作为网络委托的补充，当网络繁忙时可以及时通过电话委托进行交易，避免延误交易的最佳时机。

（6）在判断股票盈亏时，要以个人记录或交割单数据为准，不要过分依赖网络系统数据。

（7）有时券商和网络公司会联手推出优惠活动，投资者可以关注这些信息，并将此作为自己选择券商和网络公司的条件之一。

（8）网络炒股一定要注意预防黑客和电脑病毒。投资者要在电脑上安装防黑、防毒系统，避免电脑瘫痪和数据丢失，也避免不法分子盗取其他机密信息，给投资者带来损失。很多投资者会购买专门的电脑用来炒股，除了必要的防黑、防毒软件，其他软件一律不安装。

很多人会使用 App 在网上炒股，一般这些 App 受法律监管，能够保障投资者财产安全。但是有一些不法分子模仿正规炒股 App 制作假冒产品，进而欺骗投资者在其中投资。2020 年 3 月，程某就在一个股票交流群中相信了所谓的"炒股专家"，下载了一款炒股 App，最终被骗 30 余万元。所以投资者一定要擦亮双眼，可以与人交流炒股经验，但不要听信所谓的"专家"的论断，随便下载炒股 App，否则最后会落入他们的陷阱。

第十三章

小项目投资理财：选好行业，投资未来

第十三章
小项目投资理财：选好行业，投资未来

在这个"大众创业，万众创新"的时代，投资者还可以把钱投资到优质项目中。一个有发展前景的优质项目，不仅可以帮助投资者获得可观的回报，甚至有可能帮助投资者实现财富自由。

13.1 看清"钱"景，把握机遇

在进行项目投资时，选择非常重要。优秀的项目不仅有较大的发展潜力，风险也更低，投资者在后期可以更省心。

13.1.1 参加创业沙龙活动

北京、上海、深圳等地的创业氛围浓厚，有各种创业活动。投资者如果有时间，可以参加一些线下的创业沙龙活动。

另外，由创业孵化器主办的路演活动，一般会邀请多名大众创业导师、天使投资人作为嘉宾，这能够为投资者提供与创业者接触的机会。

路演时，创业者会对自身项目的市场前景、商业模式、团队情况等进行讲解，创业导师、投资者会与创业者交流、探讨项目。

中关村创业大街的车库咖啡和3W咖啡店里经常聚集创业者与投资者。因此，投资者可经常去一些类似的地方，获得更多与其他投资者以及创业者沟通的机会，寻找潜在的投资机遇。

黑马会、36氪等公开平台也是投资者容易邂逅创业者与其他投资者的好

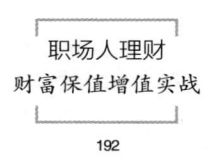

地方，但前提是投资者提前做好了功课，对需要寻找的创业者与投资者有大致的了解。

13.1.2 朋友引荐

如果有人信任创业者，愿意将创业者推荐给别人，这意味着他愿意为创业者的表现来承担风险。这种信任是非常珍贵的。无论什么时候，朋友的引荐永远是寻找项目的最好方法之一。

聚美优品是徐小平最成功的投资项目之一，为其带来了数千倍回报。聚美优品创始人陈欧就是通过第三方推荐认识徐小平的。

陈欧为自己的创业项目寻找资金时，他的斯坦福校友、兰亭集势创始人郭去疾就把陈欧引荐给了徐小平。经过商谈，徐小平决定投资聚美优品，但条件是陈欧放弃斯坦福的学业，留在公司全力创业。迫于父母的压力，陈欧选择了继续读书，没有接受徐小平的投资。

两年后，陈欧从斯坦福大学深造回来，又一次遇到徐小平。陈欧简单介绍自己的游戏广告项目后，徐小平没有任何疑问，就向陈欧的项目投资了18万美元，甚至将自己的一套房屋低价租给陈欧作为办公场地。

获得徐小平的投资后，陈欧表示，天使投资人的投资能提升品牌的知名度，后期进行A轮融资会更容易。可见，陈欧寻求徐小平的投资更多考虑的是徐小平的名气。

随着创业项目的深入开展，陈欧发现线上化妆品行业是个不错的发展方向，国内还不存在权威性的企业。陈欧认为化妆品市场开发的两个可行条件有：第一，电子商务在中国的快速发展；第二，生活质量的提高使人们开始注重护肤，但是随着化妆品需求量的增大，市场上并没有出现一个信誉度高的化妆品网站。

由于，公司的流动资金只有几十万元，所以陈欧一边继续做着游戏广告业务，一边上线了团美网（聚美优品前身）。团美网正品平价的形象通过口碑相传,在短期内迅速发展,而后更名为聚美优品。

随后,在徐小平的支持下,陈欧将之前的游戏广告业务全部停掉,专注于聚美优品的发展,并且徐小平再次投资了 200 万美元。

陈欧借助朋友的推荐找到他的天使投资人是极其幸运的。如果没有徐小平,谁也不知道会不会有聚美优品。

投资者如果正在寻找投资项目,应当尽可能将这一信息传播到相应的人际交往圈里。不管是投资者的家人、朋友,还是同事,都有可能为投资者引荐投资项目。

13.1.3 如何分辨优质项目

项目的好坏可以从市场竞争程度及用户需求方面来判断。

市场可分为蓝海市场和红海市场。如果一个行业的参与者少,市场增长潜力大,那么这个行业就处于蓝海市场。红海市场指的是竞争残酷并已经进入白热化阶段的市场,红海代表着已知的市场空间。如果投资者拥有的资金比较少,最好的投资选择就是投资蓝海市场中的企业。对于投资者来说,投资蓝海市场之前进行调研相对容易,被投项目也相对透明。另外,如果后期有大额资本注入,更容易将项目做大。

如果投资者想要投资的企业不是处于蓝海市场,那么投资者就要深入分析红海市场,了解目标企业的竞争力与发展前景。如果目标企业在红海市场中形成了技术门槛、品牌门槛、规模效应门槛、平台效应门槛,那么目标企业也是十分有发展潜力的,投资者可以放心投资。

投资者也可以根据用户需求来判断项目的质量。因为一个有投资价值的项目,首先一定具有用户价值。当今时代,只有以用户为导向的公司才可以发展得更长久,才会具有更高的投资价值。投资者可以通过以下 3 点判断一个项目是否具有用户价值:第一,核心用户群体是否明确;第二,核心用户对该产品需求的迫切程度;第三,项目是否立足于解决实际问题。

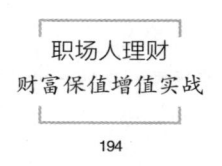

小李是某互联网公司的高管，最近获得了一笔项目奖金，他希望能够用这笔奖金投资一个项目来理财。此时，小李的朋友向他推荐了一个项目：加盟某电竞酒店。小李的朋友表示他认识这家电竞酒店的老板，老板是一位创业的中年男性，曾经是某知名企业的运营主管，很有能力，而且电竞酒店的位置离大学不远，交通方便，一定能吸引不少大学生消费。

小李思考了一番，最终婉拒了朋友的邀请。小李之所以拒绝朋友的邀请，首先是因为这家电竞酒店的目标用户群体不明确。一般来说，在电竞酒店消费的男生居多，而这所大学是师范大学，该校女生居多，女生在电竞酒店消费的占比很小。其次是因为即使有女生消费，但老板是中年男性，电竞酒店内部的装修、设备和游戏设置等也很难符合女生的需求。最后是因为小李认为老板只是凭一时冲动才想到开电竞酒店，并没有做系统的调研和规划。即使电竞酒店真的开了起来，也很难盈利。结果不出小李所料，不到 1 年的时间，这家电竞酒店就因经营不善倒闭了。

可见，一个好项目既要有广阔的市场，又要有强烈的用户需求，同时要有竞争优势。投资者如果一时冲动，盲目地涉足某一领域的某个项目，大概率会掉入陷阱，最后可能不仅没有项目分红，甚至还会赔掉本金，得不偿失。

13.2 警惕"套路"，告别风险

为了避免遇到诈骗的假项目，投资者要谨慎地对项目及其团队进行审核，避免掉入投资理财的圈套，规避投资理财的风险。

13.2.1 第三方推荐人的评价

列表履历复核的主要目的是了解第三方推荐人对创业者的评价。一般来说，投资者会要求创业者提供一份联系人列表，这些人充当了推荐人的角色，对创业者的信誉和专业技术水平做出担保。就像相亲的时候，双方愿意听一下亲友团对相亲对象的评价一样。

对投资者来说,如果创业者找不到推荐人,那么在一定程度上说明创业者的能力不足。有的创业者即便找到了推荐人,最后的结果也可能不尽如人意。因为推荐人对创业者的评价可能只是轻描淡写地一笔带过,投资者并不能从中了解创业者的品质、能力等,对投资者做出判断没有多大的参考意义。

此外,投资者需要格外关注,推荐人是否会对创业者做出负面评价,例如推荐人对创业者的评价是:"他比较难相处""他有点固执己见"等。如果推荐人对创业者做出的评价全是正面的,那么就存在两种可能:一种是创业者真的十全十美,有着很强的人格魅力;另一种是推荐人对创业者做出的评价不够客观。对于推荐人做出的评价,投资者一定要仔细识别其中的信息,筛选其中有价值的真实内容,形成自己的判断,不要被推荐人的观点左右。

13.2.2 其他社会关系评价

互联网技术的发展让投资者能较容易地从网上获得创业者的背景和经历等方面的信息。在尽职调查过程中,投资者不仅会根据创业者自己列出的联系人名单了解推荐人对创业者的评价,还会通过从网上收集的创业者的社会关系列出一份联系人名单,然后分别拜访他们,调查创业者的相关情况,这就是列表外履历复核。

如果创业公司正处于一个积极的转折点,或者公司遭遇挑战急需资金时,投资者很难通过列表履历复核获得有关创业者的真实信息,因此列表外履历复核对于投资者做出正确判断具有很重要的作用。

投资者可以从以下3个方面入手对创业者进行列表外履历复核。

首先,投资者要了解创业者的个性。当然,个性的好坏与是否能够取得重大成就没有绝对联系,以史蒂夫·乔布斯和比尔·盖茨为例,他们年轻时候的性格都让人抓狂,但是他们仍然取得了巨大成就。因此,投资者需要知道创业者是否容易相处,但不应仅据此做出投资或不投资的决定。

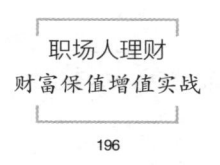

其次，投资者要判断创业者是否具有全局意识和远见。对于投资者来说，创业者是否拥有超高学历并不重要，履历表上没有蓝筹股公司也没有关系，因为他们在乎的是创业者对市场有没有超乎常人的敏锐洞察力，能不能准确预估市场未来5年的趋势。

有的创业者已经四五十岁了，但是他们卖掉了估值近10亿元的公司，然后重新创业，还有的创业者还不到20岁，但他们已经全身心投入创业中。无关年龄大小，优秀的创业者身上普遍存在一种特质，那就是对市场有着敏锐的洞察力。如果投资者向创业者提问一个行业内的问题，以衡量创业者的能力高低，但是创业者给不出答案，那么创业者就会给投资者留下不专业、没有能力的印象，自然也不会获得投资者的青睐。

最后，投资者还需考察创业者对竞争的认识是否充分。充分认识到面临的最大竞争是创业者具有远见以及市场洞察力的具体表现。创业者应当认识到，风险投资机构力捧的明星创业公司或者富有的创业者并不是其面临的最大挑战，最大的挑战是其是否能够持久的满足市场需求。

13.3　如何当个"甩手掌柜"

职场人理财最大的阻碍是没有充裕的时间，那么职场人投资了一个项目后，可以当"甩手掌柜"吗？从某种意义上来说，职场人是可以当个"甩手掌柜"的。只要做好规划，项目投资并不需要职场人亲力亲为。

13.3.1　职业经理人：全面负责经营管理

职业经理人是人力资本市场中的"金领"人才，全面负责企业的经营管理。对于投资者来说，职业经理人拥有非常重要的地位，他掌握着自己投资项目的经营管理权。

一位优秀的职业经理人可以给投资者带来巨大的经济利益，甚至有可能改变一位投资者的命运。反之，一个糟糕的职业经理人会给投资者带来诸多不良影响。而实际上，投资者想找到一位对自己有价值的职业经理人并不那么容易。

通常情况下，投资者可以利用互联网来查询职业经理人的有关信息，如图 13 – 1 所示。

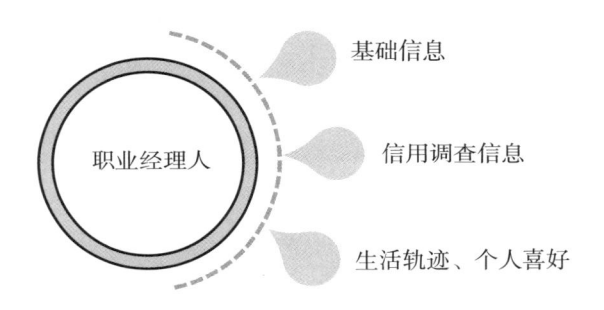

图 13 – 1　职业经理人的有关信息

（1）基础信息。投资者可以将大数据技术应用于职业经理人简历的筛选、个人基础信息处理和以往的职业经历的验证等方面。

（2）信用调查信息。比如被调查者是否有过民事或刑事诉讼，是否有过银行失信记录等，这些信息能够直接反映出其人品与信用。

（3）生活轨迹、个人喜好。投资者可以在互联网上查询被调查者的出行信息、消费信息等，以此来分析其性格特点，以及是否与自己想要寻找的职业经理人相匹配。

综上，投资者可以利用互联网大数据技术更准确地进行职业经理人评估，从而找到真正和自己匹配的职业经理人，以获得更多的价值创造。

13.3.2　评估、控制项目风险

实际上，没有一个项目能做到 100% 风险可控。不过，在项目开始之前，投资者进行项目风险评估，能够增强自身抵御风险的能力。

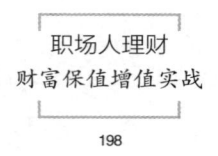

项目风险评估分为定性和定量两种。采用何种方法进行项目风险评估，取决于风险发生的概率、风险的来源、风险的影响程度和投资者对风险的态度。

在进行项目风险评估时，投资者应重点关注以下3个方面的风险评估。

1. 进度可控

在客观条件不变的情况下，合理调配资源，优化工作流程，可以使项目较好地按计划进行。在项目进行过程中，项目可以在小阶段内灵活变化，但整体要保持稳中前进。因此，在进行项目风险评估时，投资者要关注项目的进度是不是可控的。

2. 质量可控

质量可控是指无论项目进行到哪个阶段，投资者都能了解项目的质量。如果出现质量问题，相关企业要及时检查并修正问题，以保证项目质量及进度。

3. 风险可控

投资者需要在项目开始前就预测项目可能会出现的风险，并针对可能出现的风险制订多种解决办法。

附 录

附表1　　　　　　　　　常见的股票术语及解析

术语	含义
A股	A股是中国境内的公司发行，供境内机构、组织或个人（含台、港、澳投资者）以人民币认购和交易的普通股股票。A股市场于1990年成立
B股	B股是中国境内公司发行的人民币特种股票，在国内证券交易所上市，以外币交易。B股市场于1992年建立，2001年2月19日前，仅限境外投资者买卖，2001年2月19日后，B股市场对国内投资者开放
H股	指注册地在内地、上市地在香港的中资企业股票
创业板市场	也称二板市场，是上市标准较低、为中小创新公司融资的股票市场
保证金	在证券市场购买证券时，投资者所需缴纳的自备款
集合竞价	指通过收集订单，然后在特定时间按单一价格执行订单的交易形式
连续竞价	指通过直接连续撮合买卖订单来形成交易价格的交易形式
初次公开发行（IPO）	指私人公司首次在公开市场发行股票从而成为公众公司的行为。首次公开发行的目的是为快速成长的新公司募集生产经营所需资本。首次发行的股票一般由一家或数家投资银行购入，然后，由其分销给广大投资者
二级市场	二级市场是股票或债券的交易场所。多数证券的交易活动在二级市场进行
溢价发行	溢价发行是指发行人按高于面额的价格发行股票，因此可使公司用较少的股份筹集到较多的资金，同时还可以降低筹资成本
股票交易所	一个有组织地进行证券交易的场所，会员经纪商在证券交易所为机构投资者和个人投资者的报单交易提供集中的供求方面的撮合
重组	包括股份分拆、合并、资本缩减（部分偿还）以及名称改变
除权	除权报价的股票赋予出售者保留分享公司新发股票的权利

续表

术语	含义
除息	除息出售的股票赋予出售者保留即期红利的权利
股息率	以占股票最后销售价格的百分数表示的年度股息,该指标是投资收益率的简化形式
红筹股	在中国境外香港注册、在香港上市的带有中国大陆概念的股票
蓝筹股	指的是那些在行业景气和不景气时都能够有能力赚取利润,同时风险较小的公司的股票,蓝筹股的价格通常比较高
换手率	以百分比衡量的1年内股票的成交量占股票总数的比例。以样本总体的性质不同有不同的指标类型,如交易所所有上市股票的总换手率、基于某单只股票发行数量的换手率、基于某机构持有组合的换手率
基本面分析	股票价值的基本面分析要素涉及所分析企业的销售、收益和资产。行业和公司的基本面分析包括销售、资产、收益、产品或服务、市场和管理。对于宏观经济的基本面研究,则包括国民生产总值、利率、失业、存货、储蓄等
成交数量	当天成交的股票数量
利多	指股票市场上有利于多头的消息
利空	指股票市场上有利于空头的消息
利空出尽	指在证券市场上,证券价格因各种不利消息的影响而下跌,这种趋势持续一段时间,跌到一定的程度,空方的力量开始减弱,投资者不再被这些利空的因素影响,证券价格开始反弹上升的现象
量价背离	当前的量价关系与之前的量价关系发生了改变,一般量价背离会产生一种新的趋势,也可能只是上升中的调整或下跌中的反弹
盘整	价格在有限幅度内波动,一般是指在上下5%的幅度内波动
趋势	指股票价格市场运动的方向。趋势的方向有3个:上升方向、下降方向和水平方向。趋势的类型有主要趋势、次要趋势和短暂趋势3种
热门股	每次行情反弹总有一些板块或股票起着主要拉升的作用,这些股票的交易量大、流通性强、价格波动幅度大,被称为热门股
冷门股	指交易量小、流通性差、价格变动小的股票
日K线图	日K线图就是将每天的K线按时间顺序排列在一起,反映该股票自上市以来的每天的价格变动情况的K线图

附 录

续表

术语	含义
日成交额	指当天已成交股票的金额总数
散户	指买卖股票数量很少的小额投资者
上影线	在K线图中，从实体向上延伸的细线叫上影线。在阳线中，它是当日最高价与收盘价之差；在阴线中，它是当日最高价与开盘价之差。由此，带有上影线的K线形态，可分为带上影线的阳线、带上影线的阴线和十字星。对于不同形态的多空力量，要具体情况具体分析
下影线	在K线图中，从实体向下延伸的细线叫下影线。在阳线中，它是当日开盘价与最低价之差；在阴线中，它是当日收盘价与最低价之差。带有下影线的K线形态，可分为带下影线的阳线、带下影线的阴线和十字星。要更为精确地判断多空双方力量，还要根据不同的形态做出判断
十字星K线	当收盘价与开盘价相同时，就会出现这种K线，它的特点是没有实体
死多	是看好股市前景，买进股票后，如果股价下跌，宁愿放上几年，不赚钱绝不脱手
抬轿子	利多或利空消息公布后，认为股价将大幅变动，跟着抢进抢出，获利有限，甚至常被套牢的人，就是给别人抬轿子
探底	指寻找股价最低点的过程，探底成功后股价由最低点开始翻升
套牢	指进行股票交易时所遭遇的交易风险。例如投资者预计股价将上涨，但在买进后股价一直呈下跌趋势，这种现象称为多头套牢。相反，投资者预计股价将下跌，将所借股票放空卖出，但股价一直上涨，这种现象称为空头套牢
跳空	指受强烈利多或利空消息刺激，股价开始大幅度跳动。跳空通常在股价大变动的开始或结束前出现
头部	股价长期趋势线的最高部分
突破	股价冲过关卡为突破，一般指向上突破阻力位
洗盘	指庄家大户为降低拉升成本和阻力，先把股价大幅度杀低，回收散户恐慌抛售的股票，然后抬高股价乘机获取价差利益的行为。一般来说，只要能确定股价的波动为庄家洗盘，就应该持筹不动，静待股价上涨
支撑线	又称为抵抗线。当股价跌到某个价位附近时，会出现买家增加、卖家减少的情况，从而使股价停止下跌，甚至有可能回升。支撑线起阻止股价继续下跌的作用，这个起着阻止继续下跌的价格就是支撑线所在的位置

续表

术语	含义
超买	股价持续上升到一定高度，买方力量基本用尽，股价即将下跌
超卖	股价持续下跌到一定低点，卖方力量基本用尽，股价即将回升
成长股	指新添的有前途的产业中，利润增长率较高的企业股票。成长股的股价呈不断上涨的趋势
成交笔数、成交数量	成交笔数指该股成交的次数。成交数量指当天成交的股票数量
吃货	指庄家在低价时暗中买进股票
出货	指庄家在高价时不动声色地卖出股票
大户	指大额投资人，例如拥有庞大资金的集团或个人
底部	股价长期趋势线的最低部分
跌破	股价冲过关卡向下突破称为跌破
跌停板	证券交易当天股价的最低限度称为跌停板，跌停板时的股价称为跌停板价。一般来说，开市即跌停的股票，于第二日仍有可能惯性下跌，尾盘突然跌停的股票，有庄家骗钱的可能，可关注
多翻空	原本看好行情的买方，看法改变，变为卖方
空翻多	原本打算卖出股票的一方，看法改变，变为买方
多杀多	买入股票后又立即卖出股票的做法称为多杀多
多头	指股票成交中的买方
反弹	在股市中，股价呈不断下跌趋势，终因股价下跌速度过快而反转回升到某一价位的调整现象称为反弹。一般来说，股价的反弹幅度要比下跌幅度小，通常是反弹前一次下跌幅度的1/3左右时又恢复原来的下跌趋势
反转	股价朝原来趋势的相反方向移动，分为向上反转和向下反转
割肉	指高价买进股票后，大势下跌，为避免继续损失，低价赔本卖出股票。止损是割肉的一种，提前设立好止损价位，防止更大的损失，是短线投资者应灵活运用的方法，新股民使用可防止被深度套牢
回档	在股市上，股价呈不断上涨趋势，终因股价上涨速度过快而反转回跌到某一价位的调整现象称为回档。一般来说，股价的回档幅度要比上涨幅度小，通常是反转回跌到前一次上涨幅度的1/3左右时又恢复原来的上涨趋势

附　录

附表2　　　　　　　中国人民银行存款基准利率历史数据　　　　单位:%

调整时间	活期存款	定期存款（整存整取）					
		3个月	6个月	1年	2年	3年	5年
1952-09-15	5.40	10.80	12.60	14.40	—	—	—
1953-01-01	5.40	9.60	10.80	14.40	—	—	—
1954-09-01	5.40	9.72	10.80	14.40	—	—	—
1955-10-01	2.88	5.04	6.12	7.92	—	—	—
1959-01-01	2.16	—	3.60	4.80	—	—	—
1959-07-01	2.16	2.88	4.68	6.12	6.30	6.50	—
1965-06-01	2.16	—	3.24	3.96	—	—	—
1971-10-01	2.16	—	—	3.24	—	—	—
1979-04-01	2.16	—	3.60	3.96	—	4.50	5.04
1980-04-01	2.88	—	4.32	5.40	—	6.12	6.84
1982-04-01	2.88	—	4.32	5.76	—	6.84	7.92
1985-04-01	2.88	—	5.40	6.84	—	7.92	8.28
1985-08-01	2.88	—	6.12	7.20	—	8.28	9.36
1988-09-01	2.88	—	6.48	8.64	9.18	9.72	10.80
1989-02-01	2.88	—	9.00	11.34	12.24	13.14	14.94
1989-06-01	2.88	7.56	9.00	11.34	12.24	13.14	14.94
1990-04-15	2.88	6.30	7.74	10.08	10.98	11.88	13.68
1990-08-21	2.16	4.32	6.48	8.64	9.36	10.08	11.52
1991-04-21	1.80	3.24	5.40	7.56	7.92	8.28	9.00
1993-05-15	2.16	4.86	7.20	9.18	9.90	10.80	12.06
1993-07-11	3.15	6.66	9.00	10.98	11.70	12.24	13.86
1996-05-01	2.97	4.86	7.20	9.18	9.90	10.80	12.06
1996-08-23	1.98	3.33	5.40	7.47	7.92	8.28	9.00
1997-10-23	1.71	2.88	4.14	5.67	5.94	6.21	6.66
1998-03-25	1.71	2.88	4.14	5.22	5.58	6.21	6.66
1998-07-01	1.44	2.79	3.96	4.77	4.86	4.95	5.22
1998-12-07	1.44	2.79	3.33	3.78	3.96	4.14	4.50

续表

调整时间	活期存款	定期存款（整存整取）					
		3个月	6个月	1年	2年	3年	5年
1999-06-10	0.99	1.98	2.16	2.25	2.43	2.70	2.88
2002-02-21	0.72	1.71	1.89	1.98	2.25	2.52	2.79
2004-10-29	0.72	1.71	2.07	2.25	2.70	3.24	3.60
2006-08-19	0.72	1.80	2.25	2.52	3.06	3.69	4.14
2007-03-18	0.72	1.98	2.43	2.79	3.33	3.96	4.41
2007-05-19	0.72	2.07	2.61	3.06	3.69	4.41	4.95
2007-07-21	0.81	2.34	2.88	3.33	3.96	4.68	5.22
2007-08-22	0.81	2.61	3.15	3.60	4.23	4.95	5.49
2007-09-15	0.81	2.88	3.42	3.87	4.50	5.22	5.76
2007-12-21	0.72	3.33	3.78	4.14	4.68	5.40	5.85
2008-10-09	0.72	3.15	3.51	3.87	4.41	5.13	5.58
2008-10-30	0.72	2.88	3.24	3.60	4.14	4.77	5.13
2008-11-27	0.36	1.98	2.25	2.52	3.06	3.60	3.87
2008-12-23	0.36	1.71	1.98	2.25	2.79	3.33	3.60
2010-10-20	0.36	1.91	2.20	2.50	3.25	3.85	4.20
2010-12-26	0.36	2.25	2.50	2.75	3.55	4.15	4.55
2011-02-09	0.40	2.60	2.80	3.00	3.90	4.50	5.00
2011-04-06	0.50	2.85	3.05	3.25	4.15	4.75	5.25
2011-07-07	0.50	3.10	3.30	3.50	4.40	5.00	5.50
2012-06-08	0.40	2.85	3.05	3.25	4.10	4.65	5.10
2012-07-06	0.35	2.60	2.80	3.00	3.75	4.25	4.75
2014-11-22	0.35	2.35	2.55	2.75	3.35	4.00	—
2015-03-01	0.35	2.10	2.30	2.50	3.10	3.75	—
2015-05-11	0.35	1.85	2.05	2.25	2.85	3.50	—
2015-06-28	0.35	1.60	1.80	2.00	2.60	3.25	—
2015-08-26	0.35	1.35	1.55	1.75	2.35	3.00	—
2015-10-24	0.35	1.10	1.30	1.50	2.10	2.75	—

注：自2014年11月22日起，中国人民银行不再公布金融机构人民币5年期定期存款基准利率；自2015年10月24日到2022年，中国人民银行存款基准利率暂时没有调整更新。